큰별쌤 최태성의
한국사 신문

④ 조선 후기

기획·글 **최태성**
글 **김우람**
그림 **송진욱**

아이스크림북스

📖 머리말

한국사를 신문으로 보면
역사의 문이 활짝 열립니다!

안녕하세요, 큰★별쌤 최태성입니다.

저는 오래전부터 이런 생각을 해 왔습니다.

'어린이들이 역사를 좀 더 재밌고 의미 있게 만날 수는 없을까?'

역사는 단순히 오래된 과거 이야기가 아닙니다. 지금의 나 그리고 우리가 살아가는 세상을 더 깊이 이해하게 해 주는 살아 있는 이야기입니다.

그래서 이번엔 아주 특별한 방식으로 여러분과 역사를 만나고 싶었습니다.

바로 신문입니다!

『큰별쌤 최태성의 한국사신문』은 이름처럼 신문 기사 형식으로 한국사를 풀어 낸 책이에요.

역사 속 주요 사건과 인물을 기자가 되어 직접 취재한 듯 생생하게 담았어요.

마치 오늘 벌어진 일처럼 기사로 정리하고, 역사 속 인물을 인터뷰하고, 광고도 실어 보고, 큰별쌤의 생각을 전하는 칼럼도 함께 담았습니다.

이 책을 펼치면 여러분은 저와 함께 타임머신을 타고 시간 여행을 떠나게 될 거예요.

기사를 읽듯 술술 읽히면서도 머릿속에는 그 시대의 모습이 그려지고, '왜 이런 일이 일어났을까?', '나는 어떻게 생각하지?'라는 질문이 떠오를 거예요.

　이렇게 질문을 던지는 순간, 여러분은 이미 역사를 '공부'하는 것이 아니라 '이해'하고 '생각'하는 멋진 역사 탐험가가 된 거랍니다.

　역사는 그냥 외우는 과목이 아니에요. 역사 공부를 통해 우리는 세상을 바라보는 눈과 생각하는 힘을 기를 수 있어요. 그 힘은 여러분이 앞으로 살아가며 만나게 될 세상 속 수많은 선택의 순간에 분명히 도움이 될 거예요.

　『큰별쌤 최태성의 한국사신문』 시리즈는 선사 시대부터 근현대까지 한국사의 흐름을 꿰뚫는 여정을 담고 있어요. 이 책은 그 네 번째 여정으로, '조선 후기'를 다루고 있어요. 신문을 읽듯 가볍게 시작하되, 그 안에서 많은 질문을 던지며 나만의 생각을 쌓아 보세요.

　이 책이 여러분에게 역사의 문을 여는 열쇠가 되길 바랍니다. 그리고 그 문 너머에서 과거와 현재를 잇는, 미래로 향하는 멋진 여행을 함께 떠나 보아요.

　그럼 큰★별쌤과 함께 출발해 볼까요?

2025년 10월

큰★별쌤 최태성

한국사신문을 소개합니다!

① 큰★별 기자, 한국사 뉴스를 전하다!

> "역사를 바라보는 올바른 눈을 키우고
> 새로운 가치를 읽어 내는 새로운 한국사신문"

중요한 역사적 사건과 인물을 신문 기사에 담았습니다.
큰별 기자가 당대와 현재를 오가며
한국사를 더욱 생생하고 풍성하게 전달합니다.

큰별 기자가 역사에서 주요한 사건과 인물, 의의를 담백하게 전합니다.

보도하는 큰별 기자

역사는 과거와 현재의 끊임없는 대화죠. 큰별 기자가 당대의 인물을 직접 만나 봅니다.

인터뷰하는 큰별 기자

큰별 기자가 역사를 아우르는 통찰력으로 과거를 해석하고, 오늘을 살아가는 우리에게 역사 속 메시지를 되새기게 합니다.

해석하는 큰별 평론가

② 이렇게 읽으면 학습 효과가 두 배, 재미는 무한대

기사 제목으로 사건 상상하기
역사적 사실을 한 문장으로 압축했어요. 제목만 읽어도 한국사의 큰 흐름을 파악할 수 있어요.

재치 있는 삽화
그림만으로도 기사 내용이 머리에 쏙쏙 들어와요.

기사로 알찬 역사 지식이 쏙쏙!
꼭 알아야 할 역사 속 이야기를 기사 형식으로 풀어냈어요. 마치 엊그제 일어난 일처럼 즐길 수 있어요.

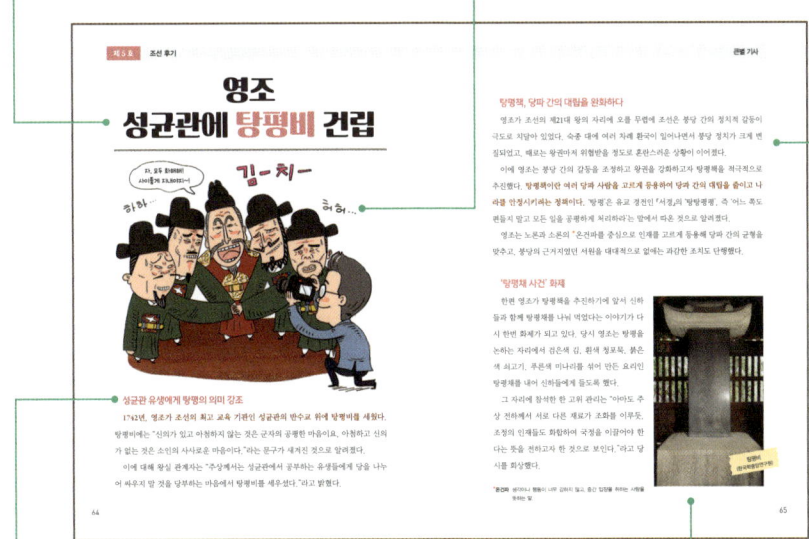

소제목으로 주요 내용 짚기
기사마다 중요한 내용을 부제로 만들어 핵심 내용을 파악하기 쉬워요.

풍부한 자료 사진
당대를 생생하게 느낄 수 있는 사진이 가득해요.

일러두기
1. 역사적 사실을 고증하거나 평가할 때는 교과서를 기준으로 삼았습니다.
2. 사실에 기초하여 기사를 집필하였으나, 신문의 형식에 맞추고 어린이들이 이해하기 쉽도록 사실 범위에서 가공한 부분도 있습니다.
3. 용어나 지명은 가능한 한 해당 시기의 명칭을 사용하는 것을 원칙으로 하였으나, 확인할 수 없는 경우에는 현재의 명칭을 그대로 썼습니다.
4. 역사상 인물의 모습은 초상화나 인물화를 기초로 삼았으나, 자료가 남아 있지 않은 경우에는 임의로 그렸습니다.
5. 역대 국왕의 명칭은 원래 사후에 정해지지만 편의상 당대에도 쓰인 것처럼 표기하였습니다.

③ 이렇게 구성되었어요

1면 헤드라인

각 호별로 기사, 인터뷰, 칼럼으로 구성되어 있습니다. 헤드라인에서는 각 신문에서 다루는 핵심 사건과 기사 제목을 소개합니다.

큰별 기사

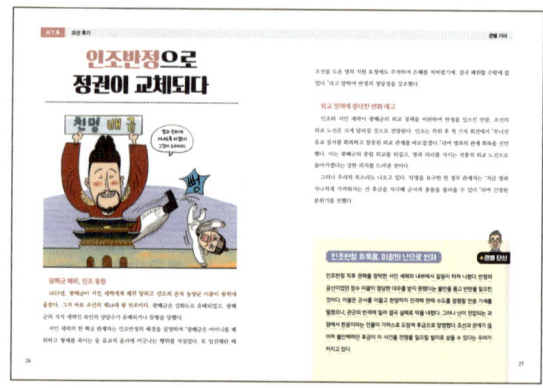

해당 주요 사건을 육하원칙에 따라 다뤘습니다. 그리고 핵심 내용을 쉽게 파악하도록 색으로 표시했습니다.

큰별 광고

당시 상황을 풍자적으로 담아낸 광고입니다. 시대상과 문화를 유쾌하게 표현해 역사적 상상력을 자극하고, 배경지식까지 함께 제공합니다.

큰별 인터뷰

큰별 기자가 역사 속 인물을 직접 만나 이야기를 들어 보는 상상 인터뷰입니다. 인물의 생각과 감정을 느껴 볼 수 있습니다.

큰별 칼럼

큰별 기자가 직접 들려주는 해설 코너입니다. 역사적 의미와 배경, 오늘날과의 연결점을 쉽고 깊이 있게 전합니다. 칼럼을 읽고 나만의 견해를 생각해 볼 수 있습니다.

연표 부록

책 속 주요 사건이 전체 역사 흐름에서 어떤 위치인지 맥락을 파악하며 내용을 정리합니다.

차 례

머리말

한국사신문을 소개합니다

제 1호 | **조선 후기** | 광해군, 전쟁의 상처를 복구하기 위해 힘쓰다 · 13

1. 기사 민심 얻은 광해군, 조선 제15대 왕으로 즉위 … 14
2. 인터뷰 중립 외교를 펼친 광해군을 만나다 … 16
3. 기사 경기도 대동법 시범 실시, 공납 부담 줄어든다 … 18
4. 인터뷰 『동의보감』을 쓴 허준을 만나다 … 20
5. 칼럼 광해군을 통해 바라본 역사의 의미 … 22

제 2호 | **조선 후기** | 조선, 두 번의 전쟁으로 시련을 맞이하다 · 25

1. 기사 인조반정으로 정권이 교체되다 … 26
2. 인터뷰 정묘호란, 그 뒷이야기 … 28
3. 인터뷰 최명길 대 김상헌, 화친이냐, 항전이냐? … 30
4. 기사 병자호란 발발, 인조, 남한산성으로 피신 … 32
5. 기사 인조, 청 황제에게 무릎을 꿇다 … 34
6. 기사 소현 세자 사망, 음모론 확산 … 36
7. 칼럼 소현 세자가 꿈꾼 조선은 어떤 모습이었을까? … 38

| 제3호 | **조선 후기** | 조선, 전란 이후 국가 정비에 힘쓰다 · 41 |

1. 기사 — 비변사, 최고 정치 기구로 등극 … 42
2. 기사 — 조선 통신사, 일본에서 크게 환영 … 44
3. 기사 — 1년이냐, 9개월이냐, 또다시 예송 벌어져 … 46
4. 인터뷰 — 대동법의 남자, 김육을 만나다 … 48
5. 칼럼 — 실현될 수 없었던 효종의 북벌 운동 … 50

| 제4호 | **조선 후기** | 숙종, 환국 정치로 왕권을 강화하다 · 53 |

1. 인터뷰 — 숙종의 여인, 희빈 장씨를 만나다 … 54
2. 기사 — 숙종, 세 차례 환국으로 왕권 강화를 꿈꾸다 … 56
3. 광고 — 백두산정계비 건립 공고문 … 58
4. 칼럼 — 숙종은 정말 여자들에게 휘둘린 왕이었을까? … 60

| 제5호 | **조선 후기** | 영조, 탕평책으로 정쟁을 잠재우다 · 63 |

1. 기사 — 영조, 성균관에 탕평비 건립 … 64
2. 기사 — 백성의 부담 덜고자 균역법 시행 … 66
3. 광고 — 진경산수화의 거장, 겸재 정선의 신작 대공개! … 68
4. 칼럼 — 뒤주에 갇힌 사도 세자, 조선 역사의 최대 비극 … 70

제 6 호 　 조선 후기 | 정조, 조선의 부흥을 이끌다 · 73

1. 기사　정조 즉위, 개혁의 시대 열리나 … 74
2. 기사　규장각, 인재 양성 중심 기관으로 우뚝 … 76
3. 인터뷰　규장각의 서얼 출신 검서관을 만나다 … 78
4. 기사　신해통공 실시, 시전 상인 특권 축소 … 80
5. 광고　한눈에 펼쳐 보는 정조 화성 능행길 … 82
6. 인터뷰　제주 백성을 구한 김만덕을 만나다 … 84
7. 칼럼　수원 화성에 담긴 정조의 꿈 … 86

제 7 호 　 조선 후기 | 농업의 발달로 변화의 바람이 불다 · 89

1. 기사　모내기법 전국 확산, 농업 생산량 증대 … 90
2. 기사　새로운 품종 재배 확대, 밥상 문화 변화 … 92
3. 인터뷰　상품 작물 재배 확산, 농촌 경제에 활력 … 94
4. 기사　상업 발달, 조선 경제 구조 바꾸다 … 96
5. 광고　덕대를 모집합니다 … 98
6. 인터뷰　조선 후기, 흔들리는 신분제 … 100
7. 칼럼　전쟁의 폐허를 딛고, 조선의 경제가 꽃피다 … 102

제8호 　조선 후기 | 서학이 전파되고 실학이 발달하다 · 105

1. 기사　서학, 지식인 사이에서 확산 … 106
2. 인터뷰　실학으로 현실 개혁에 나선 지식인들 … 108
3. 기사　규방 문학의 유행과 여성 실학자 등장 … 110
4. 인터뷰　여유당에서 정약용을 만나다 … 112
5. 칼럼　역사에 남은 이름, 정약용 … 114

제9호 　조선 후기 | 백성이 중심이 되는 서민 문화가 발달하다 · 117

1. 기사　서민에게 부는 교육 열풍, 서당 교육 대중화 … 118
2. 기사　풍속화 유행, 화폭에 담긴 백성의 삶 … 120
3. 기사　대중의 삶에 스며든 한글 소설 인기 … 122
4. 광고　민화 장터가 열립니다 … 124
5. 기사　판소리와 탈춤, 뜨거운 인기를 끌다 … 126
6. 칼럼　문화는 시대를 반영한다 … 128

제10호 　조선 후기 | 백성의 분노가 폭발하다 · 131

1. 기사　순조, 공노비 해방 선포 … 132
2. 기사　안동 김씨 권력 독점, 세도 정치의 길로 향하다 … 134
3. 기사　민심을 담은 정체불명의 벽서 발견 … 136
4. 기사　홍경래의 난, 관군에 진압 … 138
5. 인터뷰　세도 정치 아래 신음하는 백성을 만나다 … 140
6. 기사　진주에서 시작된 농민 봉기, 조선 전역으로 확산 … 142
7. 칼럼　조선이 무너질 수밖에 없었던 이유 … 144

| 제 11 호 | 조선 후기 | 평등사상, 백성의 마음을 사로잡다 · 147 |

1. 기사 천주교 확산, 평등사상을 내세우다 … 148
2. 기사 청의 문인과 학자들, 앞다투어 〈세한도〉 칭송 … 150
3. 기사 동학, 백성의 마음을 사로잡다 … 152
4. 인터뷰 『대동여지도』를 완성한 고산자 김정호를 만나다 … 154
5. 칼럼 조선 후기에 예언서가 유행한 까닭은? … 156

| 제 12 호 | 조선 후기 | 흥선 대원군, 개혁 정책을 펼치다 · 159 |

1. 기사 흥선 대원군 집권, 개혁의 칼 빼들다 … 160
2. 인터뷰 조선의 마지막 개혁가, 흥선 대원군을 만나다 … 162
3. 기사 경복궁 중건으로 왕실 권위 회복 시도 … 164
3. 기사 호포제 전격 실시, 양반 특권 무너뜨리나 …166
5. 칼럼 흥선 대원군의 개혁 방향은 옳았을까? … 168

큰별쌤 최태성의 한국사신문

조선 후기

제  호

광해군, 전쟁의 상처를 복구하기 위해 힘쓰다

◆ 중립 외교　◆ 대동법　◆ 허준, 『동의보감』

1. 민심 얻은 광해군, 조선 제15대 왕으로 즉위
2. 〈큰별 인터뷰〉 중립 외교를 펼친 광해군을 만나다
3. 경기도 대동법 시범 실시, 공납 부담 줄어든다
4. 〈큰별 인터뷰〉 『동의보감』을 쓴 허준을 만나다
5. 〈큰별 칼럼〉 광해군을 통해 바라본 역사의 의미

제 1 호   조선 후기

민심 얻은 광해군
조선 제15대 왕으로 즉위

임진왜란 때 활약으로 민심 얻어

　1608년, 광해군이 조선의 제15대 임금으로 즉위했다. 그는 선조의 후궁 공빈 김씨의 둘째 아들로 태어났기에 본래 세자 자리에 오르기 어려운 위치였다. 그러나 선조의 *정비인 의인왕후 박씨에게는 자식이 없었고, 공빈 김씨가 낳은 첫째 아들 임해군은 성격이 난폭해 세자 책봉 대상에서 제외되면서 상황이 달라졌다.

　1592년에 임진왜란이 발발하자 신하들은 혹시 모를 위기에 대비해 세자를 서둘러

정해야 한다고 선조에게 건의했다.

　이에 선조는 총명하고 어질다고 평가받은 광해군을 세자로 책봉했다. **이후 선조가 한양을 떠나 의주로 피란하면서 광해군은 임시 조정인 *분조를 맡게 되었다.** 광해군은 분조를 이끌고 평안도, 강원도, 함경도 등지를 돌며 군사를 지휘하고 의병을 격려했다. 또 임금이 피란하자 혼란스러워하던 백성의 마음을 달래려고 애썼다. 전쟁의 위기 속에서 드러난 그의 리더십은 결국 백성의 지지로 이어졌다.

'정통성 논란' 극복이 중요한 과제

　그러나 광해군의 즉위 과정은 쉽지 않았다. 임진왜란 이후 의인왕후 박씨가 세상을 떠나자 선조는 인목왕후 박씨를 새 왕비로 맞이했고, 이 사이에서 영창 대군이 태어났다. 이를 두고 일부 신하들은 정통성을 앞세워 영창 대군을 세자로 세워야 한다고 주장했고, 선조 역시 마음이 영창 대군 쪽으로 기운 것으로 알려졌다.

　여기에 적자가 아니라는 이유로 명이 세자 책봉을 거듭 거부하면서 광해군의 입지는 더욱 좁아졌다. 그러나 선조가 갑작스럽게 세상을 떠나자, 광해군은 결국 조선의 열다섯 번째 왕으로 즉위했다.

　한 정치 평론가는 "광해군을 둘러싼 정통성 논란과 조정 내 갈등은 훗날 그의 정치적 기반을 흔드는 요인이 될 수 있다."라며 "이를 어떻게 극복하느냐가 중요한 과제가 될 것"이라고 말했다.

***정비** 왕의 아내들 가운데 정식으로 결혼한 왕비를 뜻하는 말.
***분조** 위기 상황이 발생했을 때, 왕이 있는 조정과는 별도로 왕세자가 직접 다스리는 조정.

| 제 1 호 | 조선 후기 |

*중립 외교를 펼친 광해군을 만나다

조선 선조의 뒤를 이어 왕의 자리에 오른 광해군은 명과 후금 사이에서 '중립 외교'를 펼친 것으로 알려져 있습니다. 오늘은 광해군을 모시고 자세한 이야기를 들어 보겠습니다.

큰 별

안녕하세요. 후대 사람들은 전하의 외교를 '중립 외교'라고 평가하고 있는데, 어떻게 생각하십니까?

광해군

조금 더 정확하게 설명하자면 이쪽 편도 저쪽 편도 들지 않고 언제나 중립을 지킨다기보다는, 오로지 조선에 이익이 되느냐를 기준으로 판단하는 유연한 외교 방침을 선택한 것이오.

큰별 인터뷰

 **그렇군요. 그때 상황을 자세히 설명해 주실 수 있나요?**

 여진이 후금을 세우고 명을 압박하자, 명은 조선에 지원군을 요청했소. 그러나 명을 돕는 것은 새로이 강자로 떠오른 후금을 자극할 위험이 있었다오. 그럼에도 불구하고 신하들은 "임진왜란 때 우리를 도운 명과의 의리를 지켜야 한다."라고 강하게 주장했고, 결국 강홍립 장군에게 군사를 주어 명을 돕도록 지시했소.

 **명과의 의리를 지키느냐, 후금의 심기를 건드리지 않느냐 사이에서 고민이 많으셨겠어요. 강홍립 장군에게 어떤 명령을 내리셨나요?**

 출정하는 강홍립 장군을 불러 "명의 장수들 말만 그대로 따르지 말고, 오직 패하지 않을 방법을 찾는 데 힘쓰라."라고 말했소. 즉, 상황을 잘 살펴 조선에 도움이 되는 선택을 하라는 지시였소.

 **명과 의리를 지키면서 후금과의 갈등도 피하는, 두 마리 토끼를 잡는 탁월한 전략이군요! 하지만 반발도 만만치 않았을 것 같은데요?**

 조선군은 후금과 벌인 전투에서 크게 패했고, 강홍립 장군은 결국 후금에 항복했소. 그러나 그는 후금에 붙잡힌 채로 그들의 정세를 비밀리에 조선에 전달했고, 나는 그 정보를 외교에 활용했다오. 이후에도 명의 지원군 요청이 이어졌지만, 적절히 거절하여 후금과의 전쟁을 피할 수 있었소.

광해군은 조선을 다시 전란에 빠뜨릴 수 없다는 의지가 누구보다 강했습니다. 그러나 이런 결정을 내린 탓에 "명과의 의리를 저버렸다."라는 비난을 받아야 했지요. 지금까지 큰별 기자였습니다.

---

*__중립__ 어느 편에도 치우치지 않고 중간 입장에 섬.

제1호 조선 후기

경기도 대동법 시범 실시 공납 부담 줄어든다

경기도에서 대동법 시범적으로 시행

1608년, 경기도 지역에서 처음으로 '대동법'이 실시되었다. 광해군은 "대동법을 담당하는 기구인 선혜청을 설치하고 우선 경기도 지역에서 시범적으로 대동법을 실시한다."라고 밝혔다.

그동안 백성은 각 지역에서 나는 특산물을 직접 구해 세금으로 바쳐야 하는 공납 제도 때문에 큰 고통을 받고 있었다.

큰별 기사

처음에는 백성이 직접 특산물을 마련해 공납을 바쳤다. 그러나 이를 직접 준비하기 어려운 농민들은 점차 방납 업자라 불리는 상인에게 의지하기 시작했다. 이들은 농민 대신 공납을 바치는 조건으로 몇 배나 비싼 값에 물품을 공급했고, 관리들까지 결탁해 백성이 바친 물품에는 트집을 잡아 돌려보내면서 방납 업자가 마련한 물품만 받아 주었다. 결국 백성은 울며 겨자 먹기로 비싼 값을 치르며 공납을 바칠 수밖에 없었던 것이다.

방납 문제 해결 방안으로 대동법 실시

이처럼 방납의 문제점이 날로 심해지자 이를 해결하기 위해 영의정 이원익은 대동법 실시를 건의했다. **대동법은 백성이 직접 특산물을 마련해 공납을 바치던 방식 대신, 토지의 면적에 따라 쌀이나 옷감, 동전 등으로 세금을 내게 한 제도이다.** 이 방식으로 세금을 거두게 되면 농민들이 공납을 직접 마련하는 부담에서 벗어날 수 있을 뿐만 아니라 토지가 없는 농민의 부담이 크게 줄어들게 될 것으로 보인다. 왕실이나 관청에서 필요한 물품은 공인이 구입하여 납품하도록 했다.

이 소식을 접한 경기도의 한 농부는 "해마다 공납을 준비하느라 빚까지 져야 했는데, 이제는 그 부담에서 벗어날 수 있게 됐다."라며 안도의 한숨을 내쉬었다.

양반들 반대 목소리 커져, 대동법 정착될까?

한편 양반 지주들은 대동법 시행에 강하게 반대하고 나섰다. 세금 부담이 늘고, 자신들이 누려 온 특권이 약화될 것을 우려했기 때문이다. 조정에서는 예상보다 거센 양반들의 반발에 부딪히자 대동법 확대 시행에 신중한 태도를 보이고 있다. 과연 대동법이 이러한 반대를 넘어 조선 전역으로 확대될 수 있을지 관심이 모아지고 있다.

제 1 호	조선 후기

『동의보감』을 쓴 허준을 만나다

오늘은 조선 최고의 명의이신 허준 선생님을 모시고, 동양 의학의 백과사전이라고 할 수 있는 『동의보감』에 대해 알아보겠습니다.

큰별

우리는 허준 선생님 하면 자연스럽게 『동의보감』을 떠올리는데요, 『동의보감』이라는 의학 서적을 쓰시게 된 계기가 궁금합니다.

허준

조선에는 좋은 약재와 치료법이 있었지만, 백성에게는 전해지지 못했어요. 선조께서는 전쟁과 전염병으로 수많은 백성이 고통받는 모습을 보고 의서를 편찬하라고 명하셨고, 1596년에 『동의보감』을 집필하기 시작했지요.

큰별 인터뷰

선조의 명으로 집필하기 시작하셨군요. 그런데 이 책은 단순한 의서가 아니라 '동양 의학의 백과사전'으로 불리던데, 그 이유가 궁금합니다.

저는 조선과 중국의 의학 서적과 문헌, 그리고 환자를 치료하며 쌓은 경험을 모두 모아 정리했습니다. 그 결과 탄생한『동의보감』은 동아시아의 의학 지식을 우리 실정에 맞게 집대성한 의학 백과사전이라 할 수 있지요. '동의'는 동양의 전통 의학을 뜻하고, '보감'은 보배로운 거울이라는 뜻입니다. 동양 의학의 길잡이가 되겠다는 자부심이 담겨 있지요.

그렇다면 완성하기까지 꽤 오랜 시간이 걸렸을 듯합니다.

선조의 명을 받은 지 15년 만에 완성했지요. 주상 전하께서 돌아가신 뒤 유배를 가게 되었는데, 그곳에서 오로지『동의보감』 집필에만 전념했습니다. 그러던 중 광해군께서 1609년에 저를 다시 불러들이셨고, 1610년에 마침내 책을 완성할 수 있었어요. 그리고 1613년에 목판본이 간행되어 온 나라에 퍼지게 되었지요.

유배지에서 그런 위대한 업적을 이루셨다니 놀랍습니다.『동의보감』의 가장 큰 특징이 있다면 무엇일까요?

백성들에게 실질적으로 도움이 되는 의학 정보를 담고자 애썼습니다. 그리하여 조선 사람들의 체질에 맞는 약재와 치료법을 정리하고, 약재의 이름은 한자뿐만 아니라 한글로도 기록해 두었지요. 또한 단순히 병을 고치는 것보다 병을 예방하는 것이 더욱 중요하다고 거듭 강조했습니다.

『동의보감』은 편찬 당시의 목적대로 조선 백성의 건강한 삶에 큰 보탬이 되었고, 오늘날에도 여전히 우리에게 도움이 되고 있습니다. 지금까지 큰별 기자였습니다.

제 1 호   조선 후기

광해군을 통해 바라본 역사의 의미

시대에 따라 달라지는 인물에 대한 평가

"우리는 현재의 시선으로 과거를 바라봅니다"

여러분은 역사가 무엇이라고 생각하나요? 아주 단순하게 말하면 역사는 과거에 일어난 사실에 대한 기록입니다. 그러나 영국의 역사학자 에드워드 카는 『역사란 무엇인가』라는 책에서 "역사는 현재와 과거의 끊임없는 대화이다."라고 설명했습니다.

'현재와 과거의 대화'라니 다소 어렵게 느껴질 수도 있을 텐데요, 광해군이라는 인물의 평가를 통해 그 의미를 구체적으로 살펴보겠습니다.

조선의 왕 중에서 죽은 뒤에 '조(祖)'나 '종(宗)' 같은 묘호가 붙지 않고 이름 뒤에 '군'을 달았던 왕은 딱 두 사람입니다. 바로 연산군과 광해군으로, 두 사람 모두 반정으로 왕위에서 쫓겨났지요. 연산군은 조선 시대 최악의 폭군으로 평가받는 데에 다른 의견이 없을 겁니다. 그러나 광해군에 대해서는 다양한 평가가 존재합니다.

광해군은 임진왜란 당시 세자 신분으로 분조를 성공적으로 이끌며 그 능력을 인정받았습니다. 전쟁이 끝난 뒤 왕위에 올라서는 토지 대장과 호적을 정리하고 성곽과 무기를 수리하며 전쟁 피해 복구에 힘썼습니다. 또 『동의보감』 편찬을 마무리했고, 백성의 부담을 줄이기 위해 대동법을 시행했지요.

큰별 칼럼

　무엇보다 그는 명과 후금 사이에서 '중립 외교'를 펼쳐, 조선이 전쟁에 휘말리지 않도록 했습니다.
　하지만 광해군은 세자로 책봉된 뒤부터 줄곧 정통성 논란에 시달렸습니다. 임진왜란이라는 다급한 상황 속에서 세자 자리에 올랐지만, 전쟁이 끝난 뒤 선조의 둘째 부인 인목대비 박씨가 영창 대군을 낳으면서 왕위 계승 문제가 본격적으로 불거진 것입니다. 광해군은 자리를 지키기 위해 영창 대군을 죽이며 인목대비 박씨까지 폐위시키는 극단적인 선택을 하고 말았습니다.
　그 결과 그는 어머니를 폐하고 아우를 죽였다는 비난을 받게 되었고, 명과 후금 사이에서 펼친 '중립 외교' 역시 의리를 저버렸다는 비판을 받

않습니다. 결국 인조반정으로 왕위에서 쫓겨났으며, 다른 임금들이 받는 묘호조차 얻지 못했습니다. 이런 이유로 광해군에게는 오랫동안 '어리석은 임금'이라는 부정적인 평가만 남게 되었죠.

그런데 오늘날의 광해군에 대한 평가는 다릅니다. 20세기에 들어와 국제 질서가 국가의 이익을 우선으로 생각하면서 그의 선택이 재조명받기 시작한 것입니다.

일제 강점기를 거치면서 역사 연구에서 자주성이 강조되었고, 그 과정에서 외세에 기대지 않고 자주적인 외교 전략을 펼친 광해군의 모습이 높이 평가되었습니다. 또 토지 조사, 대동법 시행, 국방 강화, 『동의보감』 편찬 등 그가 실시한 개혁의 성과도 학계 연구를 통해 분명히 드러나게 되었습니다.

이렇듯 역사에 대한 평가는 결코 한 가지로 답이 정해진 것이 아닙니다. 시대의 가치관이 바뀌면 같은 인물과 사건도 다른 각도에서 바라볼 수 있습니다.

'역사는 과거와 현재의 대화'라는 말이 이제 조금은 이해되시나요? 우리는 과거 인물이 왜 그런 선택을 했는지 묻고 답을 찾는 과정을 통해 그들을 새롭게 바라볼 수 있습니다. 그리고 바로 그 순간, 역사는 단순한 기록이 아니라 오늘을 비추는 거울이 됩니다.

큰별쌤 최태성의 한국사신문   조선 후기

제 2 호 조선, 두 번의 전쟁으로 시련을 맞이하다

◆인조반정   ◆정묘호란   ◆병자호란   ◆주화론·척화론   ◆소현 세자

1. 인조반정으로 정권이 교체되다
2. **〈큰별 인터뷰〉** 정묘호란, 그 뒷이야기
3. **〈큰별 인터뷰〉** 최명길 대 김상헌, 화친이냐, 항전이냐?
4. 병자호란 발발, 인조, 남한산성으로 피신
5. 인조, 청 황제에게 무릎을 꿇다
6. 소현 세자 사망, 음모론 확산
7. **〈큰별 칼럼〉** 소현 세자가 꿈꾼 조선은 어떤 모습이었을까?

제 2호 　 조선 후기

인조반정으로 정권이 교체되다

광해군 폐위, 인조 옹립

　　1623년, 광해군이 서인 세력에게 폐위 당하고 선조의 손자 능양군 이종이 왕위에 올랐다. 그가 바로 조선의 제16대 왕 인조이다. 광해군은 강화도로 유배되었고, 광해군의 지지 세력인 북인의 상당수가 유배되거나 참형을 당했다.

　　서인 세력의 한 핵심 관계자는 인조반정의 배경을 설명하며 "광해군은 어머니를 폐위하고 형제를 죽이는 등 유교적 윤리에 어긋나는 행위를 저질렀다. 또 임진왜란 때 조선을 도운 명의 지원 요청에도 주저하며 은혜를 저버렸기에, 결국 폐위할 수밖에 없었다."라고 말하며 반정의 정당성을 강조했다.

외교 정책에 중대한 변화 예고

인조와 서인 세력이 광해군의 외교 정책을 비판하며 반정을 일으킨 만큼, 조선의 외교 노선은 크게 달라질 것으로 전망된다. 인조는 즉위 후 첫 기자 회견에서 "무너진 유교 질서를 회복하고 잘못된 외교 관계를 바로잡겠다."라며 명과의 관계 회복을 선언했다. 이는 광해군의 중립 외교를 뒤집고, 명과 의리를 지키는 전통적 외교 노선으로 돌아가겠다는 강한 의지를 드러낸 것이다.

그러나 우려의 목소리도 나오고 있다. 익명을 요구한 한 정부 관계자는 "지금 명과 지나치게 가까워지는 건 후금을 자극해 군사적 충돌을 불러올 수 있다."라며 긴장된 분위기를 전했다.

인조반정 후폭풍, 이괄의 난으로 번져

인조반정 직후 권력을 장악한 서인 세력의 내부에서 갈등이 터져 나왔다. 반정의 공신이었던 장수 이괄이 정당한 대우를 받지 못했다는 불만을 품고 반란을 일으킨 것이다. 이괄은 군사를 이끌고 한양까지 진격해 한때 수도를 점령할 만큼 기세를 떨쳤으나, 관군의 반격에 밀려 결국 실패로 막을 내렸다. 그러나 난이 진압되는 과정에서 한윤이라는 인물이 가까스로 도망쳐 후금으로 망명했다. 조선과 관계가 끊어져 불안해하던 후금이 이 사건을 전쟁을 일으킬 빌미로 삼을 수 있다는 우려가 커지고 있다.

| 제 2 호 | 조선 후기 |

정묘호란, 그 뒷이야기

후금은 인조와 서인 정권이 친명 배금 정책을 실시하자 이를 빌미로 조선을 침략했는데요, 이를 정묘호란이라고 합니다. 전쟁 후 후금과 조약을 체결하기까지 이를 지켜봤던 조정의 관리를 만나 정묘호란 당시 상황을 자세히 들어 보겠습니다.

큰별: 후금이 갑작스럽게 조선을 공격한 이유가 무엇이라고 보십니까?

조선 관리: 인조반정 이후 조선은 명을 가까이하고 후금을 멀리하는 이른바 '친명 배금' 정책을 추진했습니다. 당시 명과 대립하던 후금 입장에서는 조선의 이러한 노선이 불안하게 느껴질 수밖에 없었지요. 게다가 후금은 식량 부족으

큰별 인터뷰

로 경제적 어려움에 시달리고 있었어요. 이런 가운데 이괄의 난이 진압되는 과정에서 도망친 한윤이라는 자가 후금으로 들어가 조선의 내부 정보를 넘기며 공격을 부추겼어요. 그래서 후금이 조선을 침략하게 된 것이지요.

후금이 3만 군대를 이끌고 남하했다고 하던데요, 이런 후금군에 어떻게 맞서 싸우셨습니까?

맞습니다. 후금군은 의주, 정주, 평양 등을 빠르게 점령했고 이에 인조께서는 강화도로 피란하셨죠. 그리고 정봉수 장군이 용골산성을 거점으로 의병을 모았습니다. 그렇게 모인 병력이 수천에 달했습니다. 조선군은 정면으로 맞서기보다 후금의 배후를 공격하고 보급선을 차단하는 방법으로 싸웠죠.

왕이 피란할 만큼 급박했군요. 이후 상황은 어떻게 전개되었나요?

후금은 명과의 전쟁을 앞두고 있었기 때문에 조선과의 전쟁에 온 힘을 다 할 수 없는 상황이었죠. 이에 조선에 강화 협상을 맺자고 제안했습니다.

강화 협상을 제안했다니, 그 내용은 어떤 것이었나요?

조정 내부에서는 협상에 반대하는 목소리도 있었지만, 당시 조선은 후금과 계속 맞서 싸울 수 없는 처지였어요. 결국 조선은 후금과 강화 협상에 나설 수밖에 없었죠. 조선은 후금과 형제 관계를 맺는 대신, 명과의 사대 관계를 유지하는 조건으로 전쟁을 끝내기로 합의했습니다.

정묘호란 때 조선과 후금이 맺은 강화 조약은 두 나라 모두에게 불만족스러운 것이었습니다. 이 때문에 이후 두 나라는 계속 갈등을 겪게 되었죠. 지금까지 큰별 기자였습니다.

제 2 호 조선 후기

최명길 대 김상헌 화친이냐, 항전이냐?

후금이 *국호를 '청'으로 바꾸고 조선에 임금과 신하 관계를 강요하자 조선에서는 주화론과 척화론이 대립했습니다. 주화론을 주장한 최명길 대감과 척화론을 주장한 김상헌 대감을 모시고 이야기를 들어 보겠습니다.

큰별

안녕하세요, 우선 주화론과 척화론이 무엇인지 설명해 주시겠어요?

최명길

'주화'란 쉽게 말해 청과 외교적으로 화친을 맺어 충돌을 피하자는 주장입니다. 조선은 그동안 전쟁을 연이어 겪었지요. 국력은 약해졌고 백성은 먹고살기가 힘들어졌습니다. 반면에 청은 명을 위협할 정도로 세력이 커졌지요. 그러니 우선은 전쟁을 피하고 보자는 게 우리의 생각입니다.

큰별 인터뷰

김상헌

어허, 오랑캐 나라와 손을 잡다니, 절대 그럴 수 없습니다! '척화'란 화친을 거부하고 맞서 싸우자는 주장이지요. 명과 의리를 지키는 건 조선의 자존심은 물론이요, 정통성과 연결된 문제라고 할 수 있습니다. 그래서 청의 요구를 거절하자는 것이 우리의 주장입니다.

양측의 주장이 팽팽하게 맞서고 있는데요, 마지막으로 후세에 전하고 싶은 말씀이 있을까요?

명분보다 중요한 건 조선이라는 나라의 유지와 백성의 안전이라고 생각합니다. 주화는 결코 굴욕적인 태도가 아니라 무고한 희생을 막고 후일을 도모하자는 생존 전략이라는 걸 알아줬으면 합니다.

실리도 좋지만 버릴 수 없는 명분도 있다고 생각합니다. 순간의 평화를 위해 자존심을 버린다면 더 큰 화가 닥치는 법이지요. 조선이 신하의 나라가 된다면 청에서 또 얼마나 많은 공물을 요구하겠습니까? 저들의 무리한 요구를 받아들이는 게 오히려 백성에게 더 큰 고통이 될 수 있습니다. 그래서 저는 청과 끝까지 싸워야 한다고 믿습니다.

최명길 대감과 김상헌 대감의 의견은 좀처럼 좁혀지지 않았습니다. 하지만 둘 사이에도 공통점은 있었는데요, 바로 '나라를 위한 마음' 아닐까요? 여기까지 큰별 기자였습니다.

*국호 나라의 이름.

제 2 호　　조선 후기

병자호란 발발
인조, 남한산성으로 피신

인조와 신하들, 남한산성에 고립돼

1636년, 후금이 국호를 '청'으로 바꾸고 또다시 조선을 침략했다. 청 태종은 직접 12만 대군을 이끌고 꽁꽁 언 압록강을 건너 조선으로 쳐들어왔고, 불과 엿새 만에 한양 근처까지 이르렀다.

거침없는 청군의 기세에 조선 인조는 이번에도 강화도로 피신하려 했다. 그런데 강화로 가는 길을 청군이 가로막자 신하들과 함께 급히 남한산성으로 들어간 것으로 파악됐다. 남한산성은 높은 산 위에 만들어져 있기에 적의 공격을 막는 데 유리하고, 안쪽에는 많은 사람이 머물 수 있는 것으로 알려졌다.

현재 청군은 한양에 도착하자마자 곧바로 한강을 건너 남한산성을 겹겹이 포위해 버렸다. 군사 전문가들은 "아무리 남한산성이라도 보급이 끊겨 식량이 부족한 데다가 한겨울 매서운 추위 때문에 조선군의 사기는 시간이 갈수록 떨어질 수밖에 없을 것"이라고 전했다.

청군 역시 남한산성을 포위한 이후 섣불리 공격하지 않고, 조선군의 식량이 떨어지기만을 기다리고 있는 분위기이다. 충청도와 경상도 등 각 지방에서 지원군이 올라오고 있기는 하지만, 대부분 청군에게 길이 막히면서 남한산성은 완전히 고립되어 있는 상황이다.

국제 상황을 외면한 외교 고집

한편 외교 전문가들은 이번 상황을 "피할 수 있었던 전쟁"이라고 말하며, 인조와 서인 세력의 미숙한 외교 정책에 아쉬움을 전했다. 세력을 크게 키운 청은 조선에 임금과 신하의 관계를 맺을 것을 요구했다. 이에 대해 조선 조정에서는 외교적 협상을 통해 문제를 풀어야 한다는 주화론과, 끝까지 거절하고 맞서 싸워야 한다는 척화론이 대립했다. 결국 인조는 척화론을 받아들여 청의 요구를 거절했다. 이에 청 태종은 직접 대군을 이끌고 조선을 침략한 것이다.

외교 전문가들은 "조선이 명분과 의리만 앞세운 나머지 국제 정세의 급격한 변화를 제대로 읽지 못한 데 전쟁의 원인이 있다."라며, "당장 국력이 부족한 상황에서 청의 요구를 받아들여 충돌을 피했더라면, 백성이 또다시 전쟁의 위험에 빠지지는 않았을 것"이라고 아쉬움을 전했다. 조선 조정은 남한산성에서 항전을 외치고 있지만 청군에게 포위된 상황에서 과연 얼마나 버틸 수 있을지에 대한 우려의 목소리가 커지고 있다.

제 2 호   조선 후기

인조, 청 황제에게 무릎을 꿇다

인조, 삼전도에서 굴욕적 항복 의식

1637년, 조선 인조가 남한산성에서 나와 청 태종에게 항복했다. 신하의 예를 갖추어야 했기에 정문이 아닌 서문을 통해 나왔고, 신하의 복식인 남색 옷을 입고 왕세자와 함께 삼전도로 향했다.

삼전도에 도착한 인조는 청 태종 앞에서 세 번 무릎을 꿇고 아홉 번 머리를 조아리는 '삼배구고두례'를 행하며 굴욕적인 항복 의식을 치렀다.

이 예법은 신하의 나라가 황제를 만날 때 행하는 의식으로, 인조가 청을 '황제의 나라'로 섬기고 군신 관계를 맺기로 공식적으로 약속한다는 의미이다.

청군에 붙잡힌 조선 백성은 임금 앞에 나와 "우리 임금이시여, 우리 임금이시여!"라고 외치며 통곡했다. 인조가 청 황제에게 무릎 꿇는 모습을 본 신하와 백성도 "조선의 왕이 오랑캐에게 무릎을 꿇다니, 이는 나라가 망한 것과 다름없다."라며 눈물을 흘렸다.

청에 무릎 꿇은 조선, 깊은 상처 남겨

청이 내세운 항복 조건에 따라 조선은 청과 군신 관계를 맺는 것은 물론, 명과의 관계를 단절해야 한다. 또 소현 세자와 봉림 대군을 인질로 보내고, 청이 요구할 경우 지원군을 파견해야 하며, 매년 은, 모피, 소, 말 등의 물자를 정기적으로 조공하는 내용도 포함된 것으로 전해졌다.

이뿐 아니라 조선은 끝까지 청과의 항전을 주장하던 척화파 신하들과 백성 수만 명이 청으로 끌려가는 비극을 겪게 되었다.

청 태종은 이에 그치지 않고, 조선으로 하여금 자신의 공덕을 기리는 비석까지 세우도록 요구했다. 항복의 현장이었던 삼전도에는 곧 '대청황제공덕비'가 세워질 예정이다. 이로써 조선은 엄청난 물적·인적 피해뿐만 아니라 깊은 상처와 굴욕을 안은 채 전쟁을 마무리하게 되었다.

제 2 호　조선 후기

소현 세자 사망 음모론 확산

갑작스러운 세자 죽음에 '음모론'까지 퍼져

　1645년, 조선 인조의 첫째 아들 소현 세자가 갑작스럽게 사망해 큰 충격을 주고 있다. 조선 왕실의 고위 관계자는 소현 세자의 사망 원인에 대해 "*학질을 앓기 시작한 이후 사흘 만에 세상을 떠났다."라고 밝혔다.

　소현 세자의 주치의였던 의관 이형익 역시 "오한과 발열을 낫게 하는 탕약을 썼지만 효과가 없었다."라고 전했다.

하지만 소현 세자의 죽음을 가까이에서 지켜본 사람들은 세자의 갑작스러운 죽음에 의문을 제기하고 있다. 익명을 요구한 한 내의원 관계자는 "얼굴에 있는 구멍에서 피가 흘러나왔고, 얼굴이 검은색으로 변해 있었다."라며 "그 모습이 마치 약물에 중독된 사람이랑 비슷했다."라고 조심스럽게 당시 상황을 전하기도 했다.

한편 인조는 소현 세자의 장례를 왕실 법도인 삼년상 대신 이례적으로 간소하게 치렀고, 무덤 이름도 세자의 무덤에 사용하는 '원' 대신 '묘'를 쓰게 했다. 또 세자의 석연치 않은 죽음의 원인을 밝혀야 한다고 주장하는 신하들의 의견을 무시한 것은 물론, 소현 세자의 치료를 담당했던 의관 이형익을 감싸며 책임을 묻지 않은 것으로 알려졌다.

이에 백성 사이에서는 소현 세자와 갈등을 빚어 온 인조가 소현 세자를 독살한 것이 아니냐는 극단적인 음모론까지 퍼지고 있다.

소현 세자 귀국 이후 인조와 갈등 극심

인조와 소현 세자, 두 사람의 갈등은 세자가 9년간의 인질 생활을 끝내고 귀국하면서 시작된 것으로 보인다. 소현 세자가 청에서 가져온 물건을 인조에게 소개하고 청의 문물을 받아들여야 한다고 주장하자, 인조는 소현 세자를 경계하기 시작한 것이다.

한 신하는 "임금이 청에 인정받는 아들에게 왕위를 빼앗길지 모른다는 불안감에 휩싸였을 것"이라고 귀띔했다. 또 다른 신하는 "음모론이 퍼지는 것 자체가 인조와 소현 세자 사이에 갈등의 골이 그만큼 깊었다는 것을 보여 주는 것이 아니겠냐."라며 안타까워하기도 했다.

*학질 말라리아 병원충이 있는 학질모기에게 물려서 감염되는 전염병.

제 2 호 | 조선 후기

소현 세자가 꿈꾼 조선은 어떤 모습이었을까?

환영받지 못한 세자

"소현 세자가 꿈꾼 조선을 상상해 보다"

　소현 세자는 인조의 맏아들로, 열네 살에 세자로 책봉되었어요. 정묘호란 때는 강화도로 피란한 인조를 대신해 전주로 내려가 남쪽 지역의 백성을 위로하며 민심을 수습하기도 했지요. 병자호란이 일어나자 인조와 함께 남한산성에서 항전했으나 끝내 청에 항복하게 되었고, 그 결과 세자는 인질로 끌려가게 됩니다. 그런데 그곳에서 지금까지 알지 못했던 다른 세상과 마주하게 되지요.

　청에 도착한 소현 세자의 눈에 가장 먼저 들어온 것은 포로로 끌려온 조선 백성의 처참한 모습이었습니다. 지배층의 잘못으로 낯선 이국땅에 끌려온 백성은 노예로 팔려 가거나 목숨을 잃었고, 그 모습을 본 소현 세자는 장차 나라를 책임져야 할 위치에 있는 인물로서 깊은 참담함과 분노를 느꼈습니다.

　하지만 그는 절망 속에 주저앉지 않았습니다. 세자빈 강씨와 함께 농사를 짓거나 중계 무역으로 돈을 마련해 조선인 포로들을 풀어 주었습니다. 당시 왕세자가 직접 장사나 농사를 한다는 것은 상상하기 어려운 일이었지만, 소현 세자는 체면보다는 고통받는 백성을 구하는 것이 더 중요하다고 여겼습니다. 비록 청에 끌려간 모든 백성을 구해 내지는 못했지만, 소

큰별 칼럼

현 세자와 세자빈은 그곳의 조선 백성에게 큰 희망이 되었습니다.

이렇게 청에서 생활하던 중 소현 세자는 청의 선진 문물에 눈을 뜨게 됩니다. 당시 청에는 서양 선교사들이 활발하게 활동하고 있었어요. 소현 세자는 독일인 선교사 아담 샬을 만나 서양의 과학 기술을 처음으로 배우며 감탄했고, 천주교에 흥미를 느끼면서 평등사상을 접하기도 했지요. **그러면서 조선이라는 나라가 '우물 안 개구리'였다는 사실을 깨닫고, 조선이 더 넓은 세상과 교류하며 새로운 길로 나아가야 한다는 꿈을 키웠습니다.**

1644년, 소현 세자는 명이 무너지고 청이 중국을 통일하는 역사적 순간을 직접 목격했습니다. 그는 변화하는 국제 질서를 몸소 체험하며 조선이 이전보다 실용적인 나라로 나아가야 한다는 확신을 품게 되었지요.

그러나 조선으로 돌아온 소현 세자가 맞이한 현실은 냉담했습니다. 낯선 서양 문물을 들여오고 농사와 상업에 직접 참여하는 그의 모습은 인조와 조정의 신하들에게 달갑지 않았습니다. 특히 인조는 세자가 청의 문물을 받아들이려는 태도를 괘씸하게 여겼고, 급기야 청이 소현 세자를 왕위에 앉힐지도 모른다는 두려움까지 품었습니다. 심지어 세자가 청에서 가져온 물건을 보여 주자, 인조가 분노하여 벼루를 던졌다는 일화도 전해집니다.

결국 소현 세자는 조선으로 돌아온 지 불과 두 달 만에 갑작스럽게 세상을 떠났고, 독살당했다는 소문이 돌기도 했어요. 인조는 세자빈 강씨에게 누명을 씌워 사약을 내리고, 소현 세자의 아들들, 즉 자신의 손자들까지 유배를 보내 버렸죠. 이로써 소현 세자가 꿈꿨던 조선은 결국 꽃도 피우지 못한 채 좌절되고 말았습니다.

만약 소현 세자가 왕위에 올랐다면 조선은 지금과는 전혀 다른 길을 걸었을지도 모릅니다. 더 일찍 선진 문물을 받아들이고, 더 빠르게 변화했을 가능성도 있습니다. 그러나 역사는 '만약'을 허락하지 않습니다. 중요한 것은 그의 좌절을 단순한 비극으로 끝내지 않는 것입니다.

소현 세자가 이루지 못한 변화의 꿈을 거울삼아 우리는 과거의 선택이 오늘에 어떤 의미를 주는지 성찰하고, 앞으로 어떤 길을 가야 할지 지혜롭게 고민해야 합니다.

큰별쌤 최태성의 한국사신문 조선 후기

제 3 호
조선, 전란 이후 국가 정비에 힘쓰다

◆ 비변사 ◆ 조선 통신사 ◆ 예송 ◆ 김육 ◆ 북벌 운동

1. 비변사, 최고 정치 기구로 등극
2. 조선 통신사, 일본에서 크게 환영
3. 1년이냐, 9개월이냐, 또다시 예송 벌어져
4. **〈큰별 인터뷰〉** 대동법의 남자, 김육을 만나다
5. **〈큰별 칼럼〉** 실현될 수 없었던 효종의 북벌 운동

제 3 호 　 조선 후기

비변사
최고 정치 기구로 등극

비변사 권한 강화로 의정부 약화돼

　최근 비변사가 국정을 총괄하는 최고의 정치 기구로 자리매김하면서 의정부는 점차 그 기능을 상실하게 되었다. 비변사는 본래 국방 대책을 논의하기 위해 마련된 임시 기구로, 끊이지 않는 왜의 침입에 신속하게 대응하고자 설치되었다.

　1510년 삼포왜란 때 처음 설치된 비변사는 1555년 을묘왜변을 거치며 상설 기구로 전환되었고, 임진왜란을 계기로 그 권한이 크게 강화되었다.

전쟁이 이어지는 동안 국가의 모든 조직이 전쟁 대책 마련에 몰두하자, 비변사는 국방뿐 아니라 외교, 경제, 행정, 인사 등의 모든 사안을 논의하고 결정하는 최고 권력 기구로 성장했다.

위기 상황 속 비변사 권한 집중

기존에는 6조의 관리들이 나랏일을 보고하면 의정부의 영의정, 좌의정, 우의정 등 삼정승이 회의에서 합의한 뒤 이를 다시 왕에게 보고하는 방식으로 업무를 처리했다. 그러나 비변사에는 국경을 담당하는 관찰사와 지방 사정을 잘 아는 관리들이 참여해 보다 빠른 소통과 신속한 의사결정이 가능했다. 이러한 장점 때문에 잇따른 전쟁 속에서 비변사로 권한이 집중된 것이다.

권력 집중에 따른 부작용 우려

임진왜란이 끝난 뒤에는 비변사의 권한을 줄이고 정부 각 기관의 기능을 원래대로 돌려놓아야 한다는 주장도 제기되었다. **그러나 전쟁이 끝난 뒤 나라를 다시 일으키기 위해 비변사는 유지되었고, 이후 정묘호란과 병자호란을 거치면서 그 권한은 오히려 더욱 강화되었다.** 이로써 의정부는 사실상 제 역할을 하지 못하는 존재가 되고 말았다.

익명을 요구한 한 정부 관계자는 "권력이 한곳에 집중되면 왕권이 약해지는 등 여러 문제점이 생길 수밖에 없다."라며 "실제로 몇몇 특정 가문이 비변사를 장악하려는 움직임도 있었다."라고 전했다. 그러나 이미 국정 최고 기관으로 자리 잡은 만큼, 비변사의 기능은 당분간 유지될 것으로 전망된다.

제 3 호   조선 후기

조선 통신사
일본에서 크게 환영

막부 권위 인정받고자 통신사 파견 요청

1655년, 조선 효종이 파견한 통신사 일행이 일본에 도착했다. 이번 통신사는 새 *쇼군의 즉위를 축하하기 위해 파견되었다. 조정에서 보낸 통신사를 비롯해 통역을 맡은 역관, 문서를 담당하는 제술관, 그림을 그리는 화원, 기마 곡예를 선보일 마상재군 등 각 분야의 인재가 포함되었고, 규모는 모두 485명에 이른다.

통신사는 국왕이 공식적으로 일본에 보내는 외교 사절이며, 태종 이래 양국의 관계를 다지는 중요한 역할을 맡아 왔다.

그러나 임진왜란으로 외교 관계가 단절되면서 파견도 중단됐다. 이후 새로 들어선 에도 막부가 관계 회복을 원했고, 조선은 승려 유정을 보내 포로 일부를 데려온 일을 계기로 일본과 국교를 다시 열었다. **에도 막부는 선진 문물을 받아들이고 권위를 강화할 목적으로 통신사 파견을 요청했으며, 이에 조선은 1607년부터 통신사를 다시 보내기 시작했다.**

조선의 문화로 일본을 매료시키다

일본 막부는 성대한 환영식을 열고 통신사를 맞이했다. 일본의 거리 곳곳은 통신사 행렬을 보려는 인파로 가득 찼다.

가장 큰 화제를 모은 것은 마상재였다. 달리는 말 위에 매달려 서거나 눕는 등 기묘한 묘기를 선보이자 장군과 관리, 백성까지 모두 놀라움을 금치 못했다. 막부는 통신사 파견 때마다 마상재 공연을 요청했고, 공연이 끝난 뒤에는 공연을 펼친 일행에게 귀중한 선물을 내리며 극찬했다.

통신사는 단순한 외교 사절을 넘어 조선과 일본의 평화를 지키고 문화 교류를 이끄는 중요한 역할을 할 것으로 전망된다.

*쇼군 일본 도쿠가와 막부의 우두머리.

"청을 배우자" 목소리 커져

★ 큰별 단신

청에 정기적으로 연행사를 파견하면서 이들을 통해 서양 문물이 자연스럽게 조선에 유입되고 있다. 청의 발달한 문물을 직접 경험하는 사람이 늘어나자, 이를 적극적으로 받아들이고 배우자고 주장하는 '북학파'의 목소리에도 힘이 실릴 것으로 보인다.

제 3 호 　 조선 후기

1년이냐, 9개월이냐 또다시 예송 벌어져

상복 입는 기간 문제로 서인과 남인 또다시 격돌

최근 '대비가 상복을 얼마 동안 입어야 하는가'를 둘러싼 '예송'이 다시 한번 조정을 뜨겁게 달구고 있다. 왕실의 상복 입는 기간을 두고 서인과 남인이 대립하며 벌어진 예송은 이번이 두 번째로, 1659년에 일어난 기해예송 이후 15년 만이다.

1차 예송 당시에는 조선 효종이 사망하자 아버지 인조의 두 번째 왕비이자 효종의 계모인 자의대비 조씨가 상복을 얼마 동안 입어야 하는지가 쟁점에 올랐다.

큰별 기사

기존 예법에 따르면 어머니는 첫째 아들이 죽으면 3년, 둘째 아들이 죽으면 1년 동안 상복을 입는 것이 원칙이었다.

당시 남인은 "비록 효종이 둘째 아들이지만 한 나라의 왕이었으니 첫째 아들에게 적용되는 예법을 따라 3년을 입어야 한다."라고 주장했고, 서인은 "아무리 왕이라고 해도 둘째라는 사실은 변하지 않으니 1년이 맞다."라고 맞섰다.

현종은 결국 "원칙대로 해야 한다."라며 서인의 손을 들어 주었다.

현종, 두 번째 예송에서는 남인의 손을 들다

끝난 줄 알았던 예송은 효종의 부인이 사망하자 다시 한번 쟁점이 되었다. 이번에도 쟁점은 시어머니인 자의대비 조씨가 상복을 얼마나 입어야 하느냐였다. 기존 예법에 따르면 시어머니는 첫째 며느리가 죽으면 1년, 둘째 며느리가 죽으면 9개월 동안 상복을 입게 되어 있었다.

남인은 "비록 효종의 부인이 둘째 며느리였으나 왕의 부인이기 때문에 첫째 며느리의 예우를 따라 1년을 입어야 한다."라고 주장했고, 서인은 "왕이 되었더라도 둘째 아들이라는 사실은 변함이 없으니 원칙대로 9개월이 맞다."라고 맞받아쳤다.

이번에는 현종이 왕은 적장자와 같이 대우해야 한다는 남인의 주장을 받아들여 자의대비 조씨가 1년 동안 상복을 입어야 하는 것으로 결정했다.

예송, 단순한 예법 논쟁 그 이상

왕실 핵심 관계자는 "두 차례 예송은 단순히 상복을 입는 기간을 정하는 논쟁이 아니었다."라며 "둘째 아들로 왕위를 계승한 효종의 정통성을 둘러싼 정치적 갈등으로, 결국 서인과 남인 간의 주도권 다툼으로 이어진 것"이라고 밝혔다.

또 이번 2차 예송에서 현종이 남인의 손을 들어 주면서, 남인과 그들의 주장을 지지한 세력에게 권력이 넘어갈 것이라는 분석도 나오고 있다.

| 제 3 호 | 조선 후기 |

대동법의 남자 김육을 만나다

대동법은 경기도에서 처음 실시된 이래 전국적으로 시행되는 데 100여 년이 걸렸는데요, 대동법 확대 실시에 결정적 역할을 한 김육 선생님을 만나 이야기를 나눠 보겠습니다.

 **먼저 독자들을 위해 간단하게 자기소개부터 해 주시겠습니까?**

 저는 마흔이 넘어서야 처음 벼슬길에 올랐고, 효종 때에 우의정이 되어 충청도와 전라도에서도 대동법을 시행해야 한다고 상소를 올렸지요. 그래서인지 사람들이 저를 보고 '대동법의 남자'라고 부르더군요.

큰별 인터뷰

늦은 나이에 벼슬길에 올라 대동법 확대를 주장하시다니 대단합니다. 대동법 확대가 그토록 중요하다고 생각하신 이유가 궁금합니다.

저는 벼슬에 오르기 전 10년 가까이 농사를 지으며 살았습니다. 그때 가난한 백성이 공납 때문에 피폐해지는 모습을 두 눈으로 똑똑히 보았지요. 그 고통을 덜어 주는 길이 바로 대동법이라는 걸 확신하게 되었습니다. 땅을 많이 가진 사람은 세금을 더 많이 내고, 땅을 적게 가진 사람은 세금을 적게 내는 것은 너무나도 당연한 일 아닙니까?

토지를 소유하고 있던 양반 지주들의 반발이 만만치 않았을 텐데요?

그렇지요. 대동법을 시행하면 손해 보는 사람들이 바로 그들이니 당연히 결사적으로 반대했지요. 그러나 저는 대동법 확대가 받아들여지지 않는다면 관직을 내놓겠다는 사직 상소를 올렸고, 나중에는 죽음을 앞두고 대동법을 끝까지 지켜 달라는 유언 상소까지 남겼습니다. 결국 효종께서 뜻을 받아들이셔서 충청도에 이어 전라도에서도 대동법을 시행하게 되었습니다.

김육 선생님의 노력 덕분에 숙종 때에는 결국 대동법이 전국으로 확대되었습니다. 감회가 남다르실 것 같은데요?

1608년에 경기도에서 시작된 대동법이 전국으로 확대되기까지 꼬박 100년이 걸렸어요. 땅의 면적에 따라 세금을 매기는 방식이 백성의 부담을 줄이면서도, 나라 곳간을 든든하게 하는 길임을 모두가 알게 된 것이지요. 제 일생을 바쳐 이루고자 했던 일이 마침내 결실하게 되어 더없이 뿌듯합니다.

김육 선생님은 어려운 시절에 직접 목격했던 백성들의 고된 삶을 잊지 않고, 생의 마지막 순간까지 대동법 시행을 위해 헌신했습니다. 지금까지 큰별 기자였습니다.

제 3 호 조선 후기

실현될 수 없었던 효종의 북벌 운동

효종의 속마음

"북벌 정책으로 기득권을 유지하다"

병자호란은 조선에 깊은 상처를 남겼습니다. 인조와 대신들이 남한산성에서 끝까지 버티다 결국 삼전도에서 무릎을 꿇은 장면은 지배층의 자존심을 무너뜨렸고, '삼전도의 굴욕'이라 불리며 오랫동안 사람들의 입에 오르내렸습니다.

이 치욕을 직접 겪은 인물이 바로 효종입니다. 인조의 둘째 아들이었던 그는 형 소현 세자와 함께 청에 볼모로 끌려갔고, 소현 세자가 갑작스럽게 세상을 떠나자 세자로 책봉된 뒤에 마침내 왕위에 올랐습니다.

왕위에 오른 효종은 즉위와 함께 '북벌', 즉 청을 정벌하겠다는 목표를 내세웠습니다. 그는 송시열, 송준길, 이완 등을 불러 북벌 운동을 추진했으며, 남한산성과 수어청을 정비하고 중앙군 병력을 늘렸습니다. 또 무기 개량에도 힘을 기울여, 네덜란드에서 표류해 들어온 하멜을 시켜 조총을 개량하고 조총 부대를 양성하기도 했습니다.

효종이 이처럼 북벌에 매달린 이유는 단순히 청에 볼모로 잡혀 있던 시절의 굴욕 때문만은 아니었습니다. 더 근본적인 이유는 왕위 계승의 약점이었습니다. 소현 세자의 아들이 살아 있는 상황에서 인조의 둘째 아들이었던 효종이 세자로 책봉되자, 그의 정통성을 의심하는 목소리가 나왔던

조선 전기

큰별쌤 최태성의 한국사신문 ❸❹ 연표

태조
- 조선 건국(1392)
- 도읍을 한양으로 정함
- 제1차 왕자의 난(정도전 피살)

정도전의 활동
- 건국 초 체제 정비에 기여
- 한양 도성 설계
- 『조선경국전』 편찬

정종
- 제2차 왕자의 난
  (이방원 왕세제 책봉)

태종
- 6조 직계제 실시
- 전국을 8도로 나누고 관리 파견
- 왕족과 공신의 사병 폐지
- 호패법 실시, 신문고 설치

세종
- 집현전 설치
- 훈민정음 창제(1443)
- 측우기, 자격루, 앙부일구 등 제작
- 『농사직설』, 『삼강행실도』, 『칠정산』 등 편찬
- 4군 6진 개척(최윤덕, 김종서)
- 쓰시마섬 정벌(이종무)

문종

단종
- 계유정난
  → 수양 대군(세조) 정권 장악

세조
- 단종 복위 운동(성삼문 등)
- 6조 직계제 부활
- 집현전 철폐, 경연 폐지
- 직전법 실시
- 『경국대전』 편찬 시작

예종

성종
- 『경국대전』 완성, 반포
- 홍문관 설치, 경연 부활
- 『국조오례의』 편찬
- 중앙 정계에 사림 등용

연산군
- 무오사화
- 갑자사화

중종
- 중종반정
- 기묘사화

조광조의 개혁 정치
- 소격서 혁파
- 현량과 실시
- 위훈 삭제 주장 등

인종

명종
- 을사사화
- 임꺽정의 난

선조
- 사림, 동인과 서인으로 붕당 형성
- **임진왜란**(1592~1598)

임진왜란의 전개
- 한산도 대첩
  ↓
- 진주 대첩
  ↓
- 평양성 전투
  ↓
- 행주 대첩
  ↓
- 명량 대첩, 노량 해전

조선 후기

광해군
- 중립 외교 정책
- 대동법을 경기도에 처음 실시
- 허준, 「동의보감」 완성

인조
- 인조반정(1623)
  → 친명배금 정책
- 정묘호란(1627)
- **병자호란(1636~1637)**

효종
- 북벌 정책 추진
- 청의 요청으로 두 차례 조총 부대 파견(나선 정벌)

현종
- 1, 2차 예송

숙종
- 상평통보가 전국적으로 유통됨
- 경신환국, 기사환국, 갑술환국
- 대동법이 전국적으로 확대 시행됨
- 백두산정계비 건립

경종

영조
- 탕평책 실시
- 탕평비 건립
- 균역법 실시

정조
- 규장각 육성
- 초계문신제 시행
- 장용영 설치
- 수원 화성 건립
- 신해통공

세도 정치 시기

순조
- 공노비 해방
- 신유박해(1801)
- 홍경래의 난(1811)

헌종

철종
- 최제우, 동학 창시
- 김정호, 대동여지도 제작
- 임술 농민 봉기(1862)
  → 삼정이정청 설치(1862)

고종
- 흥선 대원군 집권

> 큰별 칼럼

것입니다. 이에 효종은 왕권을 강화하고 지배층의 지지를 확보하기 위해 '청을 치겠다'는 명분을 내세운 것이지요. 군사 전략이라기보다는 정치적 기반을 다지려는 수단이었던 셈입니다.

하지만 현실은 냉혹했습니다. 임진왜란과 두 차례의 호란으로 나라 살림은 이미 무너졌고, 백성은 무거운 세금과 굶주림에 시달리고 있었습니다. 나라의 재산은 바닥났으며, 국력으로 보나 백성의 형편으로 보나 강해진 청을 상대로 전쟁을 벌인다는 것은 사실상 불가능했습니다. 일부 서인 세력을 제외하면 사대부들조차 북벌에 적극적이지 않았습니다.

더 모순적인 장면도 있었습니다. 효종이 애써 길러 낸 조총 부대가 정작 청을 공격하는 데 쓰이지 않고, 오히려 청을 돕는 전쟁에 동원된 것입

| 제 3 호 | 조선 후기 |

나선
'러시아'를 한자음으로 나타낸 말.

니다. 당시 러시아가 국경을 침범하자 청은 조선에 지원군을 요청했고, 효종은 이를 받아들였습니다. 그 결과 조선군은 두 차례의 '*나선 정벌'에 참가해 청과 함께 러시아를 물리쳤습니다. 청을 정벌하겠다던 북벌이 도리어 청을 돕는 현실로 뒤바뀐 것이지요.

　결국 북벌은 실질적 성과를 내지 못했습니다. 당시 조선의 힘으로는 강성한 청을 상대할 수 없었기 때문입니다. 그래서 북벌은 실제 군사 행동이라기보다는 정치적 구호에 가까웠습니다. 후대 실학자 박지원이 "북벌은 헛된 꿈"이라고 비판한 것도 같은 의미입니다. 효종의 북벌은 조선의 정치가 실질적인 상황보다 '명분'에만 치중했던 한계를 드러낸 대표적인 사례로 남았습니다.

큰별쌤 최태성의 한국사신문

조선 후기

제 **4**호

숙종, 환국 정치로 왕권을 강화하다

◆ 환국　◆ 희빈 장씨　◆ 백두산정계비

1. 〈큰별 인터뷰〉 숙종의 여인, 희빈 장씨를 만나다
2. 숙종, 세 차례 환국으로 왕권 강화를 꿈꾸다
3. 〈큰별 광고〉 백두산정계비 건립 공고문
4. 〈큰별 칼럼〉 숙종은 정말 여자들에게 휘둘린 왕이었을까?

| 제 4 호 | 조선 후기 |

숙종의 여인, 희빈 장씨를 만나다

숙종 하면 가장 먼저 떠오르는 인물이 있죠! 바로 궁녀로 궁에 들어가 중전 자리에까지 오른 인물, 희빈 장씨입니다. 오늘은 희빈 장씨를 모시고 이야기를 들어 보겠습니다.

큰별: 희빈께서는 TV 드라마에도 워낙 자주 등장하는 인물이라 익숙하긴 하지만, 그래도 자기소개부터 해 주시겠습니까?

희빈 장씨: 본명은 장옥정이라고 합니다. 후세 사람들은 저를 장 희빈이라고 많이 부르더군요. 제가 가난한 집안의 딸이라고 생각하는 사람이 많은데, 사실 저는 통역관 가문의 딸입니다. *당숙께서는 손꼽히는 부자 중 한 명이었지요.

큰별 인터뷰

 **처음 궁에 들어온 이후 희빈께서는 정말 파란만장한 궁중 생활을 하신 걸로 알고 있습니다.**

 제 입으로 이런 말을 하긴 좀 그렇지만, 저의 외모가 워낙 빼어나지 않습니까? 그렇다 보니 주상 전하의 총애를 받게 되었지요. 하지만 주상의 어머니인 명성대비 김씨는 저를 무척 싫어했답니다. 그래서 궁에서 쫓겨났다가 대비가 돌아가시고 나서야 다시 궁으로 돌아올 수 있었어요. 이후 저는 '숙원'이라는 품계를 받았고, 1688년에는 왕자를 낳아 희빈이 되었지요.

 **그 과정에서 희빈께서는 남인 세력을 대표하는 인물로 떠올랐는데요, 어떤 상황이었는지요?**

 중전 마마인 인현왕후 민씨께서는 서인 출신 인물이었습니다. 하지만 결혼하고 6년 동안 아이를 낳지 못했지요. 그때 제가 나타나 떡두꺼비 같은 왕자를 낳았으니 서인은 불안에 떨었을 겁니다. 그래서 남인들은 저를 앞세워 서인과 맞섰고, 저의 든든한 정치적 기반이 되었지요.

 **결국 아들은 세자로 책봉되었고, 인현왕후 민씨는 궁에서 쫓겨났습니다. 이에 희빈 장씨가 정치에 개입했다며 비판하는 사람도 많습니다.**

 음, 아니라고 말하진 않겠습니다. 하지만 알다시피 궁이란 정치적 입장이 끊임없이 부딪히는 전쟁터나 다름없지요. 서인과 남인 사이에 갈등의 골이 점점 깊어지는 상황에서 저 역시 제 아들을 지키려고 최선을 다했을 뿐입니다.

희빈 장씨는 어렵게 중전이 되었지만 정치적 소용돌이에 휘말리게 됩니다. 과연 그는 조정을 어지럽힌 인물이었을까요, 아니면 정치적 희생양이었을까요? 지금까지 큰별 기자였습니다.

*당숙 아버지의 사촌 형제.

제 4 호　조선 후기

숙종, 세 차례 환국으로 왕권 강화를 꿈꾸다

왕이 주도해 중심 세력 교체

　조선 숙종은 세 차례의 환국을 통해 왕의 권력을 크게 강화했다. 환국은 말 그대로 '정치의 판을 바꾼다'는 뜻으로, 집권하던 붕당을 다른 붕당으로 갑작스럽게 바꾸는 것을 말한다. 숙종은 상황에 따라 집권 세력을 교체하면서 정치의 주도권을 쥐고 왕권을 더욱 굳건히 했다.

　1674년, 조선의 제19대 왕으로 즉위한 숙종은 현종과 명성왕후 김씨 사이에서 첫째 아들로 태어났다. 그는 14세라는 어린 나이에 왕위에 올랐음에도 불구하고, 수렴청정 없이 직접 나라의 일을 이끌며 총명하고 결단력 있는 모습을 보여 왔다.

세 차례 환국을 일으키다

숙종 즉위 초에 국정을 장악한 세력은 2차 예송에서 승리하며 권력을 차지한 남인이었다. 그러나 1680년, 남인의 허적이 왕실의 천막을 허락 없이 사용하자, 숙종은 이를 빌미로 남인을 대거 숙청하고 서인을 등용했다. 이를 '경신환국'이라 부른다.

9년 뒤인 1689년, 숙종이 후궁 희빈 장씨의 아들을 세자로 책봉하려 하자 서인들이 반대하며 나섰다. 이에 숙종은 서인의 지도자 송시열에게 사약을 내린 데 이어 인현왕후 민씨를 폐위시키고 희빈 장씨를 왕비로 책봉했다. 이른바 '기사환국'으로, 서인이 밀려나고 남인이 다시 권력을 잡은 것이다.

하지만 1694년, 희빈 장씨와 남인의 권세가 지나치게 커지자, 숙종은 인현왕후 민씨를 복위시키고 희빈 장씨를 내쫓았다. 이 갑술환국을 계기로 남인은 완전히 축출되었고, 인현왕후의 복위를 꿈꾸던 서인이 정권을 되찾았다.

왕권 강화의 이면, 깊어지는 붕당 대립

이처럼 숙종은 환국 정치를 펼쳐, 한쪽 세력이 지나치게 커졌다 싶으면 숙청하고 반대편에 힘을 실어 주며 왕권을 강화했다.

한 정치 전문가는 "결과적으로 강력한 왕권을 세우는 데는 성공했으나, 이 과정에서 붕당 정치가 크게 변질되었다."라며 안타까움을 전했다. 실제로 숙종 대에 환국이 반복되면서 서인과 남인이 번갈아 집권했고, 그때마다 반대 세력에 가혹한 복수가 이어졌다. 이 때문에 특정 세력이 권력을 독점하는 정치 분위기가 자리 잡을 것이라는 우려가 커지고 있다.

백두산정계비 건립 공고문

"알립니다. 조선과 청 간의 국경을 정확히 하고자 백두산에 비석을 세웁니다."

건립 배경

청나라와 국경이 명확하지 않아
백성 간 충돌과 외교 문제로 이어지는 사례가 있어,
이를 해결하고자 양국이 협의해 백두산정계비를 세움.

주요 내용

◆ 백두산 정상에서 남동쪽으로 이어지는 지점에 정계비를 설치함.
◆ 국경선을 서쪽의 압록강, 동쪽의 토문강으로 명확히 확정함.

기대 효과

두 나라의 경계를 분명히 하여 분쟁을 예방하고 후세에 혼란이 없도록 함.

준수 사항

국경을 넘어 인삼 채취, 나무 벌목, 사냥을 하는 행위는 금지함.
위반 시 국법에 따라 엄중히 처벌함.

제 4 호　　조선 후기

숙종은 정말 여자들에게 휘둘린 왕이었을까?

강력한 군주의 면모를 지닌 숙종

"정치 국면을 손바닥 뒤집듯 뒤집다"

조선 숙종은 인현왕후 민씨, 희빈 장씨, 숙빈 최씨 등 여러 여인과 얽힌 임금으로 영화와 드라마에 단골 소재로 등장해 왔습니다. 그래서 세 여인 사이에서 갈팡질팡했던 유약한 인물로 오해받는 경우가 많습니다. 그러나 실제 역사 속 숙종은 전혀 달랐습니다. 그는 오히려 강력한 왕권을 휘두른 군주였습니다.

조선 왕조는 적장자가 왕위를 잇는 것을 원칙으로 삼았지만, 실제로 이 원칙을 지킨 임금은 27명 가운데 7명뿐이었습니다. 숙종도 그러했지요. 그는 현종의 외아들로 태어나 확고한 정통성을 지녔습니다. 어머니 명성왕후 김씨의 가문도 뛰어났고, 숙종 자신도 매우 영리했습니다. 말 그대로 모든 조건을 갖춘 왕이었지요. 게다가 그는 14세라는 어린 나이에 즉위했는데도 곧바로 직접 나라를 다스리며 권력을 장악했습니다.

숙종은 환국 정치를 토대로 왕권을 강화했습니다. 처음에는 남인이 집권했지만, 허적이 왕실 물품을 사적으로 사용한 사건을 계기로 남인을 몰아내고 서인에게 힘을 실어 주었습니다. 이 과정에서 허적의 서자 허견은 역모 혐의를 뒤집어쓰고 처형당했는데, 이를 경신환국이라 부릅니다.

1689년에는 기사환국이 일어났습니다. 희빈 장씨가 아들을 낳자 숙종

큰별 칼럼

은 크게 기뻐하며 백일도 되지 않은 아들을 세자로 책봉했습니다.

그러나 희빈 장씨가 남인과 가까웠던 탓에 서인들이 거세게 반발했고, 서인의 우두머리였던 송시열은 이에 반대하는 상소를 올렸습니다. 송시열은 인조 때부터 네 임금을 모신 높은 관리였지만, 숙종은 그를 눈엣가시로 여기고 사약을 내려 죽였습니다. 당대 최고의 학자를 직접 제거한 사건은 숙종의 권력이 얼마나 강했는지를 보여 줍니다. 결국 희빈 장씨는 왕비가 되고, 인현왕후 민씨는 폐위되었습니다.

그러나 숙종의 선택은 오래가지 않았습니다. 희빈 장씨가 거만해지자 그는 다시 서인 편에 서서 1694년 갑술환국을 일으켰습니다. 인현왕후 민씨는 복위했고, 희빈 장씨는 인현왕후 민씨를 저주한 죄로 사약을 받게 됩니다. 이 과정에서 남인은 정치 무대에서 완전히 몰락했습니다.

| 제 4 호 | 조선 후기 |

숙종은 환국 정치를 통해 강화된 왕권을 바탕으로 여러 개혁을 추진했습니다. 대동법을 전국으로 확대하고, 상평통보 사용을 장려하여 상품 화폐 경제의 발전을 이끌었습니다. 또 5군영을 정비해 군사력을 강화하고, 백두산정계비를 세워 국경을 명확히 하는 등 외교에도 힘을 기울였습니다.

그러나 그의 환국 정치는 붕당 정치의 본래 목적을 흐리게 만들었고, 결국 조선 후기에 정치적 불안정을 심화시키는 원인이 되었다는 비판도 제기됩니다.

따라서 한 인물을 평가할 때는 영화나 드라마가 보여 주는 단편적 모습에 머무르기보다, 다양한 사료와 시대적 배경을 함께 고려하는 시각이 필요합니다.

큰별쌤 최태성의 한국사신문   조선 후기

제 5 호 | # 영조, 탕평책으로 정쟁을 잠재우다

◆ 탕평비 ◆ 균역법 ◆ 정선, 진경산수화 ◆ 사도 세자

1. 영조, 성균관에 탕평비 건립
2. 백성의 부담 덜고자 균역법 시행
3. **〈큰별 광고〉** 진경산수화의 거장, 겸재 정선의 신작 대공개!
4. **〈큰별 칼럼〉** 뒤주에 갇힌 사도 세자, 조선 역사의 최대 비극

제 5 호 　 조선 후기

영조 성균관에 탕평비 건립

성균관 유생에게 탕평의 의미 강조

1742년, 영조가 조선의 최고 교육 기관인 성균관의 반수교 위에 탕평비를 세웠다. 탕평비에는 "신의가 있고 아첨하지 않는 것은 군자의 공평한 마음이요, 아첨하고 신의가 없는 것은 소인의 사사로운 마음이다."라는 문구가 새겨진 것으로 알려졌다.

이에 대해 왕실 관계자는 "주상께서는 성균관에서 공부하는 유생들에게 당을 나누어 싸우지 말 것을 당부하는 마음에서 탕평비를 세우셨다."라고 밝혔다.

탕평책, 당파 간의 대립을 완화하다

영조가 조선의 제21대 왕의 자리에 오를 무렵에 조선은 붕당 간의 정치적 갈등이 극도로 치달아 있었다. 숙종 대에 여러 차례 환국이 일어나면서 붕당 정치가 크게 변질되었고, 때로는 왕권마저 위협받을 정도로 혼란스러운 상황이 이어졌다.

이에 영조는 붕당 간의 갈등을 조정하고 왕권을 강화하고자 탕평책을 적극적으로 추진했다. **탕평책이란 여러 당파 사람을 고르게 등용하여 당파 간의 대립을 줄이고 나라를 안정시키려는 정책이다.** '탕평'은 유교 경전인 『서경』의 '탕탕평평', 즉 '어느 쪽도 편들지 말고 모든 일을 공평하게 처리하라'는 말에서 따온 것으로 알려졌다.

영조는 노론과 소론의 *온건파를 중심으로 인재를 고르게 등용해 당파 간의 균형을 맞추고, 붕당의 근거지였던 서원을 대대적으로 없애는 과감한 조치도 단행했다.

'탕평채 사건' 화제

한편 영조가 탕평책을 추진하기에 앞서 신하들과 함께 탕평채를 나눠 먹었다는 이야기가 다시 한번 화제가 되고 있다. 당시 영조는 탕평을 논하는 자리에서 검은색 김, 흰색 청포묵, 붉은색 쇠고기, 푸른색 미나리를 섞어 만든 요리인 탕평채를 내어 신하들에게 들도록 했다.

그 자리에 참석한 한 고위 관리는 "아마도 주상 전하께서 서로 다른 재료가 조화를 이루듯, 조정의 인재들도 화합하여 국정을 이끌어야 한다는 뜻을 전하고자 한 것으로 보인다."라고 당시를 회상했다.

탕평비
(한국학중앙연구원)

***온건파** 생각이나 행동이 너무 강하지 않고, 중간 입장을 취하는 사람을 뜻하는 말.

제 5 호   조선 후기

백성의 부담 덜고자 균역법 시행

백성의 군역 부담, 균역법으로 해결

1750년, 조선 영조가 군포 2필을 1필로 줄이는 '균역법' 실시를 명했다. 조선에서는 16세부터 60세까지 남자에게 군역을 부과하고, 정해진 시기에 군사 훈련을 받다가 전쟁이 발생하면 군인으로서 전쟁터에 나가 싸워야 했다.

하지만 농사일이 바쁘다 보니 군역을 피하려는 사람이 점점 늘어나면서 사람을 사서 대신 군대에 보내거나, 돈이나 옷감을 내고 군역을 피하는 일이 널리 퍼지게 된 것이다.

이런 문제가 발생하자 조정에서는 1년에 군포 2필을 내는 것으로 군역을 대신할 수 있는 제도를 만들었다. 부당한 일이 퍼지는 상황을 막을 방법이 없자 아예 이를 합법화한 것이다.

하지만 가난한 백성에게는 매년 옷감 2필을 짜서 나라에 바치는 것 역시 큰 부담이었다. 게다가 일부 부유한 농민들이 공명첩 등을 이용해 양반이 되면서 군포를 낼 사람은 점점 줄어들었고, 그 부담은 나머지 백성에게 고스란히 집중되었다. 줄어든 군포를 메우려고 죽은 사람이나 어린아이, 심지어 도망친 이웃의 군포까지 대신 내게 하는 등 관리들의 횡포가 극심해지자 백성의 원성은 날이 갈수록 높아졌다.

'군포 2필에서 1필로' 민심은 환영, 부족한 세금은?

이처럼 군역이 공납만큼이나 백성을 힘들게 하는 제도로 악명이 높아지자, **영조는 이런 문제점을 해결하고자 균역법을 실시한 것으로 알려졌다.**

조정의 많은 대신은 나라의 살림살이가 어려워질 것을 우려해 균역법 실시를 강력하게 반대했다고 한다. 하지만 영조는 오히려 대신들에게 부족한 군포를 메우기 위한 대책을 마련하라고 지시했다. 이에 따라 조정의 대신들은 어민에게 걷는 어장세, 소금 생산자에게 걷는 염세, 선박 소유자에게 걷는 선박세 등 기존에 왕실로 들어가던 세금을 나라의 재산으로 돌려 재정을 보충하는 방안을 계획하고 있다.

또 부유한 양인에게 선무군관이라는 명예직을 주고 세금을 거두는 선무군관포, 토지 1결마다 곡식을 2두씩 내게 하는 결작 제도를 시행해 부족한 세금을 채울 방침이다.

인왕제색도

한여름 소나기가 지나간 후 안개가 피어오르는 인왕산의 모습을 포착한 수묵화입니다. 비에 젖은 인왕산의 풍경을 묵직하고 대담한 필체를 느끼며 감상해 보세요.

〈인왕제색도〉
(국립 중앙 박물관)

금강전도

금강산의 전경을 한눈에 담아낸 산수화입니다. 화폭 가득히 펼쳐진 금강산의 봉우리와 사실적으로 표현된 산세의 굴곡을 하나하나 살펴보세요.

〈금강전도〉
(국립 중앙 박물관)

제 5 호 　조선 후기

뒤주에 갇힌 사도 세자 조선 역사의 최대 비극

완벽한 군주를 꿈꾼 영조

"영조와 사도 세자의 비극적인 결말"

영조는 어머니 숙빈 최씨가 신분이 낮은 궁녀 출신이었다는 약점을 안고 살아가야 했습니다. 게다가 숙종이 세상을 떠나고 경종이 왕위에 오르는 과정에서 노론과 소론이 치열하게 대립하면서, 그는 정치적 소용돌이 한가운데에 놓였지요. 결국 경종이 갑작스럽게 세상을 떠나고 영조가 왕위에 오르지만, '형을 독살했다'는 의혹까지 받으며 불안한 출발을 해야 했습니다.

그래서였을까요? **영조는 누구보다 완벽한 군주가 되려고 노력했습니다. 매일같이 경연에 참여하며 학문에 힘썼고, 검소한 생활을 실천하며 군주로서 모범을 보이려 애썼습니다.** 그 결과 불리한 정치 환경 속에서도 왕권을 강화하고 조선 후기 개혁의 기반을 마련할 수 있었습니다.

하지만 그에게는 오랫동안 아들이 없었습니다. 첫째 아들 효장 세자가 열 살 무렵에 병으로 세상을 떠난 뒤 영조는 7년 동안 아들을 얻지 못했습니다. 그래서 42세라는 늦은 나이에 얻은 둘째 아들 사도 세자에게 거는 기대가 남달랐습니다. 사도 세자가 열다섯 살이 되던 해, 영조는 그에게 *대리청정을 맡기며 정치를 익히도록 했습니다.

처음에는 모든 것이 순조로워 보였지만, 점차 세자가 기대에 미치지 못

대리청정
왕이 정사를 제대로 돌볼 수 없게 되었을 때, 왕세자가 왕을 대신하여 정치하던 일.

큰별 칼럼

하자 아버지 영조의 꾸중과 질책이 잦아졌습니다. 사도 세자에게 거는 영조의 기대가 너무 높았기 때문일 수도 있어요. 그럴수록 사도 세자는 아버지를 두려워하게 되었고, 극심한 압박 속에서 작은 일에도 크게 놀라거나 분노하며 스스로를 제어하지 못하는 등 심리적 불안 증세를 드러냈습니다. 자신의 뜻대로 옷을 입지 못하면 폭력적인 성향을 보여, 궁녀와 내시를 함부로 죽이는 끔찍한 일까지 벌어지기도 했지요.

결국 사도 세자의 생모인 영빈 이씨마저 더는 안 되겠다며 영조에게 아들을 처벌해 달라고 눈물로 호소했습니다. 혹여 손자인 정조에게까지 화가 미칠까 봐 두려웠기 때문입니다.

결국 영조는 세자를 폐위하고 스스로 목숨을 끊으라고 명했습니다. 신하들이 안 된다며 끝까지 반대하자 영조는 뒤주를 가져오게 해 세자를 그 안에 가두는 결단을 내렸습니다.

너 같은 아들은 더는 필요 없다!

사도 세자가 이렇게까지 엇나가게 된 데에는 아버지 영조의 지나친 질책도 큰 영향을 주었을 겁니다. 영조는 아들의 실수를 용납하지 않고, 꾸짖고 몰아붙였지요. 하지만 세자의 이상한 행동을 더는 두고 볼 수 없었던 것도 사실입니다.

영조는 왕으로서 나라를 지켜야 한다는 무거운 책임 앞에서 냉정한 판단을 하게 됩니다. 결국 세자를 뒤주에 가두는 결정을 내렸고, 사도 세자의 비극적인 죽음이 벌어졌지요.

영조는 천한 신분으로 왕위에 오른 약점 때문에 평생을 강한 군주가 되기 위해 노력한 인물이지요. 그랬기에 아버지로서의 마음보다 군주로서의 책임을 선택한 게 아닐까요? 누군가의 선택은 때때로 그가 살아온 상처에서 비롯되기도 한다는 점을 깨닫게 해 주는 이야기였습니다.

큰별쌤 최태성의 한국사신문 · 조선 후기

제6호 정조, 조선의 부흥을 이끌다

◆ 규장각　◆ 초계문신제　◆ 신해통공　◆ 수원 화성　◆ 김만덕

1. 정조 즉위, 개혁의 시대 열리나
2. 규장각, 인재 양성 중심 기관으로 우뚝
3. 〈큰별 인터뷰〉 규장각의 서얼 출신 검서관을 만나다
4. 신해통공 실시, 시전 상인 특권 축소
5. 〈큰별 광고〉 한눈에 펼쳐 보는 정조 화성 능행길
6. 〈큰별 인터뷰〉 제주 백성을 구한 김만덕을 만나다
7. 〈큰별 칼럼〉 수원 화성에 담긴 정조의 꿈

제 6 호   조선 후기

정조 즉위
개혁의 시대 열리나

"과인은 사도 세자의 아들이다"

1776년, 영조가 승하한 지 엿새 만에 신하들의 간곡한 요청에 따라 세손 정조가 마침내 조선의 제22대 왕으로 즉위했다. 숭정문에서 거행된 즉위식에서 정조는 "할아버지 영조 대왕께서 세상을 떠나셔서 부득이 왕위를 잇게 되었다."라고 말문을 열었다. 이어 "이는 편히 누리는 자리가 아니라 나라와 백성을 위해 무거운 책임을 짊어지는 자리"라며 슬픔 속에서 새로운 출발을 알렸다.

큰별 기사

　즉위식이 끝나고 정조는 대신들을 만난 자리에서 "*과인은 사도 세자의 아들이다."라고 공개적으로 밝혔다. 그는 영조의 뜻을 따라 큰아버지 효장 세자의 명예를 높이되, 아버지 사도 세자의 은혜 또한 잊지 않고 그에 대한 도리를 다하겠다고 선언했다.
　정조의 발언에 조정에는 순간 긴장감이 감돌았다. 노론의 한 고위 관리는 "정조께서 혹시 사도 세자의 죽음과 관련해 정치적 책임을 묻는 것이 아니냐는 우려가 퍼졌다."라며 당시의 긴장감을 전했다.

영조의 탕평책 계승, 인재 등용 기대

　정조는 *교서에서 언급한 대로 영조의 탕평책을 이어받아 붕당의 갈등을 완화하고, 인재를 고르게 등용해 조정을 바로 세울 것으로 기대된다. 또 백성의 삶을 안정시키는 정책 역시 적극적으로 추진할 것으로 보인다.
　무엇보다 사도 세자의 아들임을 공개적으로 밝힌 만큼, 아버지의 명예를 회복하고 새로운 시대를 여는 다양한 조치가 이어질 것이라는 전망이 나오고 있다.
　백성과 신하들 사이에서는 이미 '개혁의 시대가 시작되었다'는 기대감이 퍼지고 있다. 52년간 이어진 영조의 시대가 마무리되고, 정조의 리더십과 개혁 의지가 '조선의 전성기'를 이끌 수 있을지 관심이 집중되고 있다.

*과인　덕이 적은 사람이라는 뜻으로, 임금이 자기를 낮추어 이르던 말.
*교서　왕이 신하, 백성, 관청 등에 내리던 문서.

제6호 조선 후기

규장각, 인재 양성 중심 기관으로 우뚝

규장각 (서울특별시 종로구)

정조, 왕권 강화를 위한 인재 양성

1781년, 조선 정조가 초계문신제를 실시한다고 밝혔다. 초계문신제는 37세 이하의 젊은 문신을 선발해 3년간 교육을 진행하고, 훗날 고위 관료로 성장할 수 있도록 길을 열어 주는 인재 양성 제도이다.

앞서 1776년, 정조는 즉위 직후 자신의 개혁 정치를 뒷받침할 인재를 키우는 데 힘을 기울이고자 규장각을 세우고 학문과 정책을 연구하는 핵심 기관으로 삼았다.

그는 스스로 신하들의 스승이 되기를 자처하며, 임금을 가르치는 자리였던 경연에서도 오히려 신하들을 가르쳤다. 실제로 정조의 학문적 역량은 조선 최고 수준으로 평가받고 있다.

서얼 출신, 규장각 검서관으로 등용

1779년에는 규장각 검서관으로 서얼 출신인 이덕무, 유득공, 박제가 등을 선발했다. 그동안 서얼은 문과 응시에 제한을 받는 등 차별을 겪었으나, 정조는 능력이 있다면 신분을 가리지 않고 등용하겠다는 원칙을 분명히 했다.

이번에 초계문신제를 본격 시행하면서 규장각은 조선의 인재 양성 중심 기관으로 자리매김하게 되었다. 한 정치 전문가는 "정조가 규장각 설치, 검서관 선발, 초계문신제 시행으로 왕권을 뒷받침하는 새로운 정치적 기반을 마련한 것으로 보인다."라고 분석했다. 이어 "앞으로도 규장각을 중심으로 개혁이 더욱 속도를 낼 것"이라고 내다봤다.

| 제 6 호 | 조선 후기 |

규장각의 서얼 출신 검서관을 만나다

1779년, 조선 정조가 서얼 출신을 규장각 검서관으로 채용해 화제가 되고 있습니다. *초대 검서관으로 채용된 네 명 중 박제가 선생과 유득공 선생을 모시고 이야기를 들어 보겠습니다.

큰별: 안녕하세요, 검서관이 되신 걸 축하드립니다! 서얼 출신이라고 하셨는데, 먼저 '서얼'이 무엇인지 설명해 주시겠어요?

박제가: 양반의 첩에게서 태어난 자식을 '서얼'이라고 합니다. 어머니가 양인이면 서자, 천민이면 얼자라고 했죠. 서얼은 중인과 같은 신분으로 대우받았고, 문과에 응시할 수 없었어요. 주상께서는 서얼이라는 이유로 관직에 오르지 못하는 것은 부당하다고 보시고 우리를 채용해 주셨습니다.

큰별 인터뷰

드디어 등용의 길이 열린 셈이군요. 정말 감격스러우셨겠어요.

맞아요. 처음 주상 전하의 부름을 받았을 때는 이게 꿈인가 생시인가 싶었습니다. 정조께서 능력 위주로 인재를 채용하는 등용 정책을 펼치시면서 학문과 재주가 뛰어난 서얼들을 규장각 검서관에 뽑으셨습니다. 저희에게는 처음으로 재능을 펼칠 수 있는 무대가 열린 것이지요.

정말 감회가 남다르셨을 것 같습니다. 규장각의 초대 검서관으로 채용되셨는데요, 검서관은 무슨 일을 하나요?

왕실 도서관이자 정책 연구 기관인 규장각의 담당자라고 보면 됩니다. 단순히 책을 정리하는 역할이 아니라, 서적 편찬을 책임지고 왕의 정책까지 보좌하는 일이라고 할 수 있지요. 주상 전하께서는 규장각을 통해 개혁 정책을 연구할 젊고 유능한 세력을 키우려 하십니다. 정해진 인원이 총 네 명인데, 이번에 채용된 검서관이 모두 서얼 출신입니다.

정말 놀랍군요. 서얼 출신으로만 검서관을 뽑은 의도가 있었을까요?

아마도 '싱크탱크'이자 노론 세력을 견제할 새로운 정치 기반이 필요하셨던 것 같습니다. 또 변화하는 시대 흐름에 발맞춰 신분 차별을 완화하고 능력 위주의 인재 등용을 실현하고자 하신 것이 아닐까 싶습니다.

정조가 발탁한 검서관 박제가, 유득공, 이덕무, 서이수는 모두 조선 후기의 유명한 실학자로 이름을 떨쳤습니다. 규장각 출신 인재들은 이후 조선의 학문과 예술을 발전시키는 데 큰 공을 세웠습니다. 지금까지 큰별 기자였습니다.

*__초대__ 차례로 이어 나가는 자리나 지위에서 그 첫 번째에 해당하는 사람.

제6호 　 조선 후기

신해통공 실시
시전 상인 특권 축소

신해통공 실시, 조선 상업에 새바람

　　1791년 조선 정조가 상업 개혁 조치인 신해통공을 단행해 화제가 되고 있다. '통공'은 '모든 사람에게 통한다'는 뜻으로, 이번 조치로 육의전을 제외한 모든 시전 상인의 독점 판매권인 '금난전권'이 폐지되었다.

　　시전은 나라의 허가를 받고 장사하는 상인을 말한다. 이들은 이익의 일부를 세금으로 내고 관청에서 필요로 하는 물품을 공급하는 역할을 맡았다. 그런 반면에 난전은 허가 없이 자유롭게 물건을 파는 상인을 뜻한다.

상업이 발달하면서 난전이 급격히 늘어나자, 시전 상인들은 자신들의 이익을 보호하고자 난전을 단속할 권한, 즉 '금난전권'을 요구했고 조정은 이를 허락했다. 이 권한 덕에 시전 상인은 난전 상인의 물건을 압수할 수도 있었다.

누구나 물건을 사고팔 수 있는 시장

그런데 시간이 지나면서 시전 상인의 횡포가 심해지고 물가가 크게 오르자 백성의 고통이 커졌다. **영의정 채제공은 이 문제를 해결하기 위해 육의전을 제외한 모든 시전 상인의 금난전권을 폐지할 것을 건의했다. 그리고 마침내 정조가 이를 받아들여 신해통공을 실시하게 된 것이다.**

정조는 신해통공 정책을 발표하는 자리에서 "모든 백성이 물건을 사고팔 수 있는 길을 열어 상업을 발전시키고 백성의 어려움을 덜겠다."라고 밝혔다. 이번 조치에 따라 난전 상인들은 합법적으로 장사를 할 수 있게 되었다.

시장에서 만난 한 백성은 "그동안 울며 겨자 먹기로 시전 상인이 파는 물건을 비싼 값을 치르고 살 수밖에 없었는데, 앞으로는 물건을 파는 상인들이 많아지니 물가도 많이 안정될 것 같다."라며 신해통공 시행을 반겼다.

경제 전문가들은 "신해통공으로 시장 경쟁이 촉진되고 상업 활동이 활발해지면서 조선 경제 전반에 활력이 돌 것"이라고 내다봤다. 이번 조치가 조선 상업 발전의 중요한 전환점이 될지 귀추가 주목된다.

큰별 광고

한눈에 펼쳐 보는
정조 화성 능행길

- 행사명: 을묘년 화성 능행
- 일시: 1795년 윤이월 9일
- 주요 동선: 한양 창덕궁 → 한강 배다리 → 시흥 행궁 → 화성 행궁 → 현륭원

정조 대왕께서 즉위 20년을 맞아, 어머니 혜경궁 홍씨의
회갑을 기념하며 사도 세자의 묘가 있는 화성으로 행차하십니다.
6,000여 명이 동참한 7박 8일의 장대한 여정, 효심과 개혁의 뜻이 어우러진
그 역사적 순간을 눈앞에서 생생하게 만나 볼 특별한 기회!
모두 구경 오세요!

화성 능행 미리보기

정약용이 설계한 '배다리'를 타고 한강을 건너는 순간!
수천 명이 함께 건너는 장관, 절대 놓치지 마세요!

『화성원행의궤도』
(국립 중앙 박물관)

이번 화성 행차의 하이라이트,
'장수를 받는 전당'이라는 이름의 봉수당에서
혜경궁 홍씨의 회갑연이 펼쳐집니다!

화성 행궁 낙담헌에서 열리는 양로연 행사까지!
노인 384분께 장수 기원 지팡이를 선물로 드립니다!

| 제 6 호 | 조선 후기 |

제주 백성을 구한 김만덕을 만나다

조선 정조 재위 시기였던 1795년, 제주도에 가뭄과 홍수, 태풍 등의 자연재해가 이어지며 엄청난 피해가 발생했습니다. 이때 자신의 재산을 탈탈 털어 제주 백성을 도운 상인 김만덕을 만나 이야기를 들어 보겠습니다.

큰 별: 안녕하세요. 후세 사람들에겐 제주 백성을 구한 영웅으로 잘 알려져 있는데요, 우선 그때 상황부터 자세히 알려 주시겠습니까?

김만덕: 당시 제주도는 계속되는 재해로 사람들이 몇 년째 굶주림에 시달리고 있었습니다. 이에 정조께서는 백성을 위한 쌀을 배에 실어 제주로 보내 주셨지만, 거친 파도에 배가 가라앉는 문제가 생겼습니다. 그래서 저는 그동안

장사해서 모은 재산을 털어 육지에서 쌀 500석을 사 와 제주 백성에게 나누어 주었지요. 저는 그저 마땅히 해야 할 도리를 했을 뿐입니다.

정말 훌륭하십니다! 장사로 재산을 모으기까지 어떤 삶을 사셨는지 설명해 주실 수 있을까요?

저는 양인 집안에서 태어났지만, 열두 살 때 전염병으로 부모님을 잃고 어쩔 수 없이 기생이 됐지요. 먹고살기 위해 기생으로 살다가 스무 살이 넘어서야 이대로는 안 되겠다 싶어 관아에 가서 신분을 돌려 달라고 간청했어요. 다행히 양인 신분을 되찾을 수 있었죠.

이후 장사를 시작했습니다. 생선과 전복, 귤과 같은 제주도의 특산물을 육지 상인에게 팔았어요. 그리고 곡식, 옷감, 장신구 같은 육지의 물건을 제주도에서 파는 방식으로 큰돈을 벌었답니다.

그렇게 어렵사리 번 돈을 제주 백성을 위해 내어놓으신 거군요. 정조께서 이 소식을 듣고 큰 상을 내리셨다고 들었습니다.

주상 전하께서는 제 행동을 높이 사시어 사람을 보내 소원을 들어주겠다는 뜻을 전했습니다. 그래서 한양에 가서 전하를 직접 뵙고, 유명한 금강산도 구경하고 싶다고 말씀드렸지요.

제주 여성은 바다를 건너 육지로 갈 수 없었지만, 전하께서 저에게 특별히 허락해 주셨지요. 또 '의녀반수'라는 명예직 벼슬을 내려 주신 덕분에 전하를 직접 만나 뵙고, 꿈에 그리던 금강산도 관광할 수 있었습니다.

김만덕은 사회적 한계를 뛰어넘어 장사를 통해 큰돈을 모았습니다. 그리고 평생 모은 재산을 사회에 되돌려 나눔을 실천했지요. 이것이야말로 그가 성공한 삶을 살았다고 말할 수 있는 이유가 아닐까요? 지금까지 큰별 기자였습니다.

제6호 　 조선 후기

수원 화성에 담긴 정조의 꿈

정조는 왜 수원 화성을 만들었나

"자신이 꿈꾸는 이상을 담아 새 도시를 설계하다"

정조는 효심이 지극한 왕이었어요. 왕이 된 이후 정조는 아버지 사도 세자의 명예를 회복시키려고 아버지의 시호를 '장헌 세자'로 고쳐 높여 부르게 했지요. 또 아버지의 묘를 화성으로 옮겨 왕릉에 버금가게 조성한 후 '현륭원'이라고 이름을 지었답니다.

그리고 화성 주변의 백성을 팔달산 아래로 옮겨 살게 하면서 그곳을 수원의 중심부로 삼았어요. 그리고 고을 이름을 화성으로 바꾸고 새로 건설한 도시를 보호할 성곽을 쌓았어요. 이곳이 바로 우리가 알고 있는 수원 화성입니다.

정조는 권력 투쟁이 치열한 한양에서 벗어나 새로운 국정 운영의 기반을 마련하고 왕권을 강화하기 위한 목적으로 신도시를 건설한 것이죠. **이에 정조는 자신의 정치적 이상을 담아 화성을 군사적·상업적 기능을 갖춘 도시로 만들고자 했어요.**

우선 화성으로 이주하는 백성에게는 세금을 없애 주고 *환곡을 지원해 주어 많은 백성이 이곳으로 모여들게 했어요. 또 상업을 활성화시키기 위해 부유한 상인들의 이주도 적극 지원했습니다. 그리고 시장과 도로를 정비하고 안정적으로 농사를 지을 수 있도록 만석거와 같은 저수지를 축조

환곡
백성에게 곡식을 봄에 꾸어 주고 가을에 이자를 붙여 거두던 일.

큰별 칼럼

하기도 했습니다.

　화성 성곽 건설 과정에서도 정조의 개혁 정신은 뚜렷하게 드러났습니다. 백성을 강제로 동원하는 것이 아니라 품삯을 지급하며 노동의 가치를 존중했지요. 실제로 『화성성역의궤』에는 성곽에 사용된 자재와 공사비, 인부의 품삯과 식사 메뉴까지 기록되어 있습니다.

　수원 화성을 설계한 정약용은 유형거, 녹로, 거중기와 같은 새로운 기술 장비를 도입해 더 적은 힘으로도 공사를 진행할 수 있게 했습니다. 이런 노력 덕분에 수원 화성은 공사를 시작한 지 불과 2년 9개월 만에 빠르게 완성되었지요.

수원 화성 전경
(경기도 수원시)

또 정조는 화성에 자신의 친위 부대인 장용영의 외영을 두어 왕권을 지키는 한편, 백성의 안전을 지키고, 백성들의 마음을 하나로 모으려 했습니다. 화성은 그야말로 정치·경제·군사 기능이 함께 어우러진 조선의 새로운 이상 도시였던 셈입니다.

비록 정조가 세상을 떠나며 20여 년간 추진해 온 개혁의 성과는 대부분 사라지고 말았지만, 수원 화성만은 정조의 꿈과 실용 정신을 보여 주는 상징으로 남아 있습니다. **백성을 사랑하고 과학을 중시했던 정조의 개혁 정신은 지금도 화성 곳곳에서 살아 숨 쉬고 있습니다.**

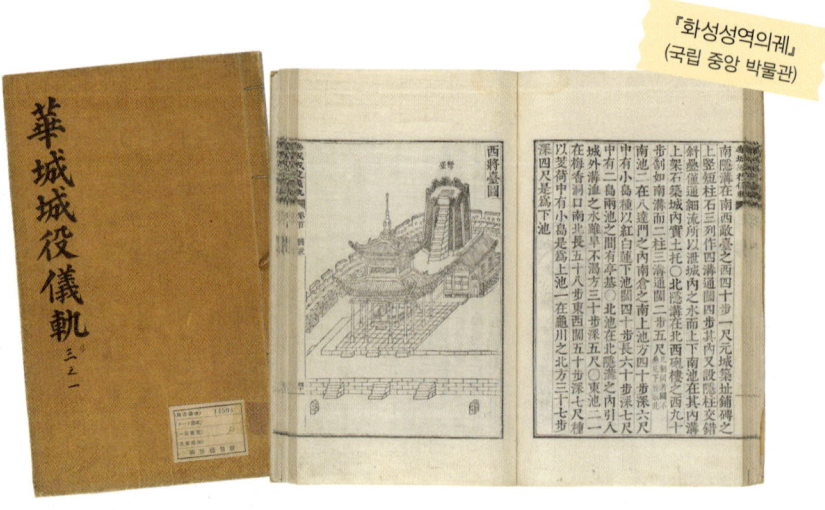

『화성성역의궤』
(국립 중앙 박물관)

큰별쌤 최태성의 한국사신문   조선 후기

제 7 호
농업의 발달로 변화의 바람이 불다

● 모내기법   ● 상품 작물   ● 사상   ● 덕대   ● 상평통보   ● 공명첩

1. 모내기법 전국 확산, 농업 생산량 증대
2. 새로운 품종 재배 확대, 밥상 문화 변화
3. 상품 작물 재배 확산, 농촌 경제에 활력
4. 상업 발달, 조선 경제 구조 바꾸다
5. 〈큰별 광고〉 덕대를 모집합니다
6. 〈큰별 인터뷰〉 조선 후기, 흔들리는 신분제
7. 〈큰별 칼럼〉 전쟁의 폐허를 딛고 조선의 경제가 꽃피다

제 7 호　조선 후기

모내기법 전국 확산
농업 생산량 증대

모내기법 전국으로 확산

　최근 수십 년 사이 전국 논에 모내기법이 빠르게 확산되면서 농촌 풍경이 크게 달라지고 있다. 모내기법은 모판에서 기른 모를 알맞은 시기에 논에 옮겨 심는 방식으로, 볍씨를 논에 직접 뿌리는 직파법보다 훨씬 효율적이라고 알려졌다.
　모내기법은 이미 조선 세종 때 편찬된 『농사직설』에 기록되어 있었으나, 물이 충분하지 않은 지역에서는 시도하기 어려워 남부 일부 지역에서만 시행되고 있었다. 그러나 임진왜란 이후 저수지와 물길을 넓히는 등 수리 시설이 늘어나고 농사 기술이 발달하면서, 점차 전국으로 퍼져 나가게 된 것이다.

생산력 증대로 농사 방식 변화

모내기법이 확산되자 전국적으로 농업 생산량은 눈에 띄게 늘었다. 건강한 모만 옮겨 심으니 수확량이 크게 늘었고, 일정한 간격으로 모를 심어 잡초 제거가 쉬워지면서 노동력도 줄어들었기 때문이다.

경기도 양주의 한 농민은 "볍씨를 바로 뿌릴 때는 잡초 제거가 가장 큰 고생이었는데, 모내기법을 쓰니 일손이 절반으로 줄었다."라며 만족감을 나타냈다. 또 모판에서 벼가 자라는 동안 보리를 심을 수 있어, 벼와 보리를 해마다 함께 거두는 이모작을 시도하는 농민도 늘고 있다.

모내기법 부작용, 농촌 양극화 심화

그러나 부작용도 나타나고 있다. 넓은 논을 관리할 수 있는 일부 농민은 경작지를 크게 늘려 부유한 농민으로 성장했지만, 땅을 얻지 못한 많은 농민은 농촌을 떠나 도시와 광산으로 이주해 장사로 생계를 이어 가고 있다.

모내기법 확산이 농업 생산력 향상이라는 성과를 가져온 동시에 농민 사이의 빈부 격차가 커지고 있어, 정부 차원의 대책 마련이 시급하다는 지적이 제기되고 있다.

| 제 7 호 | 조선 후기 |

새로운 품종 재배 확대 밥상 문화 변화

새로운 품종 재배, 음식 문화 변화

최근 조선 농촌 사회에 새로운 작물 재배 열풍이 불고 있다. 그동안 기장, 조, 콩, 참깨 등이 주로 재배되던 들판에 이제는 배추, 고구마, 고추 등이 빠르게 자리를 잡으며 백성의 밥상 문화도 변화를 맞고 있다. 이들 작물은 중국, 일본과 교류하면서 전래된 것으로 알려졌다.

배추의 경우, 우리나라에서 재배하던 품종도 있었으나 중국에서 속이 단단하고 크기가 큰 품종이 들어오면서 빠른 속도로 퍼지고 있다. 또 임진왜란 전후 일본에서 들어온 고추는 처음에는 독초로 오해받기도 했으나, 발효 음식의 맛을 돋우고 저장성을 높이는 효과가 알려지면서 널리 사용되기 시작했다.

배추와 고추의 새로운 품종이 퍼지자 김치 문화도 달라졌다. 이전에는 주로 무를 소금에 절여 담갔지만, 이제는 절인 배추에 고춧가루를 버무려 담그는 방식이 유행처럼 번지고 있다.

고구마, 구황 작물로 인기

고구마 역시 흉년을 대비하는 구황 작물로 인기를 얻고 있다. 1763년 통신사 조엄이 일본 대마도에서 종자를 들여와 동래와 제주에서 시험 재배한 것을 시작으로 남부 지방을 중심으로 널리 확산됐으며, 현재는 전국으로 보급돼 중요한 식량 자원으로 자리잡았다. 제주의 한 농민은 "고구마 덕분에 가뭄이나 흉년에도 굶지 않게 됐다."라고 전했다.

중국과 일본을 거쳐 다양한 신품종 작물이 계속 들어오는 가운데, 이러한 변화가 조선 농촌 경제와 백성의 삶에 어떤 영향을 미칠지 주목된다.

| 제 7 호 | 조선 후기 |

상품 작물 재배 확산 농촌 경제에 활력

상품 작물 재배 확산, 달라진 농촌 풍경

조선 후기에 담배, 인삼, 면화 등 상품 작물 재배가 급격히 확대되면서 최근 농촌 경제에 활력이 돌고 있다. 농업이 스스로 먹을 것을 재배하는 단계를 넘어 시장에 내다 팔 작물을 기르는 상업적 농업으로 바뀐 것이다.

이러한 변화에는 도시 인구 증가로 인한 소비 확대, 새로운 작물의 유입, 농업 기술 발전 등이 복합적으로 작용했다. 특히 한양 근교 왕십리와 송파 일대에서는 채소 재배가 활발히 일어나 도성 내 시장의 다양한 수요를 충족시키고 있다.

평안도에서 농사짓는 박 아무개 씨는 "찾는 사람이 많아지니 심는 사람도 많아졌다."라며 "상품 작물 판매로 이익을 보는 사람이 늘면서 누구나 다양한 작물 재배에 뛰어들고 있다."라고 전했다.

상품 작물 수요 증가로 농업 다각화

특히 일본을 거쳐 들어온 담배는 '연초(연기가 나는 풀)', '남초(남쪽 나라에서 온 풀)' 등 다양한 이름으로 불리며 빠르게 전국으로 퍼져 나갔다. 한 왕실 관계자는 "정조 대왕께서 담배를 즐긴 덕분에 백성에게도 담배를 피우도록 허락하는 명이 내려지면서 그 수요가 크게 확대되었다."라고 밝혔다.

인삼 역시 원래 산삼을 채취해 공물이나 대외 무역에 쓰였으나, 수요 급증에 대응해 재배법이 개발되면서 농가의 중요한 수익 작물이자 수출품으로 자리매김했다. 그러나 일부 지역에서는 식량 작물보다 상품 작물 재배에 집중하면서 식량 부족 사태가 발생하는 부작용도 나타났다.

상품 작물 재배의 확산은 단순한 농사법의 변화가 아닌, 농민의 생활 방식을 변화시키고 농촌 사회 전반의 경제 구조 변화를 이끌고 있다. 앞으로도 이러한 움직임이 농촌 경세에 어떤 영향을 줄지 관심이 집중되고 있다.

제 7 호 　 조선 후기

상업 발달
조선 경제 구조 바꾸다

대동법 시행, 상업 발전 일으켜

최근 상업이 크게 발전하면서 조선의 경제 구조가 변하고 있다. 여러 경제 전문가들은 대동법 시행을 상업 발달의 중요한 원인으로 분석하고 있다.

대동법 실시 이후 왕실과 관청에 필요한 물품을 공급하는 공인이 등장했다. 공인들은 시장에서 물건을 대량으로 사들이면서 상업을 활성화시켰고, 공인의 주문을 받아 물품을 생산하는 과정에서 수공업도 활기를 띠기 시작했다.

상업이 발달하자 전국 곳곳에 장시가 열렸고, 보부상들은 장시를 오가며 시장들을 서로 연결하는 역할을 했다.

평양에서 장사를 하는 한 상인은 "예전에는 물건을 구하기 어려웠지만, 요즘은 장시만 나가면 없는 게 없다."라며 "사람들이 장사를 통해 돈을 벌 수 있다는 걸 알게 되면서 더 많은 이가 장사에 뛰어들고 있다."라고 전했다.

거상의 활약으로 활기를 띠는 상업

국내 상업의 확대는 곧 대외 교역의 발달로 이어졌다. 국경 지역에서는 공식 무역인 개시와 함께 사무역 장터인 후시가 열렸다. **1791년 신해통공으로 시전 상인의 독점권이 폐지되고 사무역이 허용되면서 한성의 경강상인, 개성의 송상, 의주의 만상, 평양의 유상, 동래의 내상 등 지역 상인 집단이 크게 성장했다.** 특히 개성의 송상은 전국에 지점을 설치해 인삼 재배와 판매, 대외 무역으로 막대한 부를 쌓고 있으며, 경강상인은 한강 뱃길을 이용한 운송업으로 성장해 배를 만드는 분야까지 진출했다.

상평통보 확산과 상인 인식 변화

한편 장시가 활기를 띠고 상품 유통이 활발해지면서 상평통보가 전국적으로 활발하게 사용되고 있다. 이제 시장에서 쌀이나 무명을 들고 물건을 사는 사람은 보기 어려우며, 세금 또한 상당 부분 화폐로 내고 있다.

상업의 발달은 상인에 대한 인식도 바꿔 놓았다. 과거에는 상인을 천하게 여기는 풍조가 강했지만, 이제는 조선 경제를 움직이는 핵심 세력으로 재평가되고 있다.

큰별 광고

덕대를 모집합니다

광산에 도전하라!

전문성과 리더십을 갖춘 광산 경영인을 모집합니다.
뜻이 있는 자 '덕대'에 도전하라!

광산을 맡아 운영할 전문 경영인을 모십니다.
산 좋고 물 좋고 돈까지 흐르는 곳,
지나가는 강아지도 금덩어리를 물고 다닌다는 광산.
이 광산을 내 손으로 운영하고 싶은 자는 지원해 주시기 바랍니다.

1 모집 내용

직책 광산 운영 책임자 '덕대'
모집 기간 1785년 유월 초하루까지
보수 및 혜택 채굴 수익의 일부 지급, 숙식 제공, 장기 계약 시 별도 보너스 제공

2 자격 조건

· 광산 일에 대한 지식과 기술을 지닌 자
· 광부를 내 가족처럼 대할 수 있는 자
· 광부를 통솔하고 작업을 감독할 능력이 있는 자
※ 광산 소재지 출신 우대, 말보다 삽이 앞서는 자 우대

3 자주 묻는 질문

Q1. 자본금은 누가 대나요?
→ 조선 최고의 거상인 '송상'이 투자합니다. 송상은 민영 광산이 활성화된 이후 광산 개발과 경영에 참여해 오고 있습니다.

Q2. 덕대는 어떤 일을 하나요?
→ 광산 운영을 총지휘합니다. 자본금을 받아 채굴 업자, 채굴 노동자, 제련 노동자 등을 직접 고용합니다. 그리고 이들을 지휘하여 광산에서 광물을 채굴합니다.

Q3. 작업은 어떤 식으로 진행되나요?
→ 모든 작업 과정은 분업화된 시스템에 기초해 협업으로 진행합니다.

| 제 7 호 | 조선 후기 |

조선 후기, 흔들리는 신분제

조선 후기에 들어 정치·경제적으로 여러 변화가 일어나면서, 양반 중심의 신분제가 크게 흔들리기 시작했습니다. 당시 신분제에 어떤 변동이 있었는지 각 계층 사람들의 목소리를 들어 보았습니다.

 **큰별**: 먼저 공명첩을 발급받아 양반이 된 중인을 만나 보겠습니다. 어떻게 양반이 되셨는지 자세히 말씀해 주시겠습니까?

 **양반이 된 중인**: 저는 원래 농사를 지었는데 굉장히 큰 규모로 지어서 돈을 많이 벌게 되었어요. 그런데 나라가 임진왜란과 병자호란 이후 재정이 부족해지자, 공명첩을 팔기 시작하더라고요. 공명첩은 말 그대로 벼슬을 주는 문서인데, 이

름 칸을 비워 두고 판매하는 거예요. 돈을 내고 사서 거기에 자기 이름을 써 넣으면 양반이 되는 것이죠. 쉽게 말해 돈을 주고 합법적으로 신분을 산 셈이죠.

공명첩에 이름을 써 넣기만 하면 된다니 정말 신기하네요. 양반이 되는 다른 방법도 있었습니까?

양반이 된 농민

이건 비밀인데, 저는 가난한 양반이 내놓은 족보를 사서 그것을 위조해 양반 행세를 하고 있어요. 그 양반은 권력에서 밀려나 농민과 다를 바 없는 처지가 되자, 결국 족보까지 팔아 생계를 이어 가야 했던 게지요. 그리고 노비 중에서는 재산을 모으거나 도망쳐서 천민 신분에서 벗어난 사람도 있다고 하더만요.

이러한 신분 질서의 움직임에 중인 계층에서도 신분 상승 운동이 있었다고 들었습니다.

서얼 출신

서얼들은 관직 진출의 제한을 없애 달라며 상소 운동을 벌였소. 또 기술직 중인 가운데, 특히 역관으로 큰 부를 쌓은 사람들을 중심으로 신분 상승 운동이 활발히 전개되었지요.

이번에는 세금을 담당하시는 관리분께 물어보겠습니다. 신분제가 흔들리고 양반의 수가 늘어나면서 어떤 문제가 생겼습니까?

관리

군역을 면제받는 양반이 크게 늘어나자 국가 재정에 큰 부담이 되었소. 결국 이를 메우기 위해 남은 백성에게 세금을 여러 번 거두는 상황이 벌어졌지요.

수백 년 동안 유지되었던 양반 중심 신분제의 동요는 새로운 사회 질서를 예고하는 것이 아니었을까요? 지금까지 큰별 기자였습니다.

제 7 호 조선 후기

전쟁의 폐허를 딛고 조선의 경제가 꽃피다

상평통보는 어떻게 유통되기 시작했을까

"화폐의 편리함을 알게 되다"

임진왜란과 병자호란은 조선 사회에 깊고 큰 상처를 남겼습니다. 수많은 백성이 가족과 집을 잃고, 농사짓던 땅도 잿더미처럼 황폐해졌지요. 하지만 백성은 마냥 주저앉아 있지 않았습니다. 다시 곡괭이를 들고 논밭을 갈며 새로운 희망을 찾아 나섰습니다.

그러던 중 나라에서 금지하는데도 농민들이 들여온 농사법이 있습니다. 바로 모내기법이지요. 모를 따로 먼저 기른 뒤 논에 옮겨 심는 이 방법은 벼농사 방식을 완전히 바꿔 놓았습니다. 벼를 심기 전까지 보리를 재배할 수 있어, 1년에 두 차례 농사를 짓는 이모작이 가능했고, 이는 백성의 삶을 안정시켜 주는 커다란 혁신이었죠.

농업이 발전하자 자연스레 새로운 작물 재배로 이어졌습니다. 담배, 인삼, 면화 같은 작물은 농민에게 재산을 쌓을 수 있는 새로운 기회였습니다. **이제 농민들은 단순히 먹고사는 데 그치지 않고, 시장에서 농산물을 팔며 더 많은 수익을 꿈꾸게 되었지요.** 그 결과 농업이 본격적인 산업으로 성장하기 시작한 겁니다.

농업이 발전하니 자연스레 상업 활동도 활기를 띠었습니다. 전국 곳곳에 장시가 열리고, 보부상은 물자를 실어 나르며 유통망을 넓혔습니다.

큰별 칼럼

이 과정에서 *사상이 시장을 주도했고, 그 가운데 일부는 특정 물건을 대량으로 사들여 독점적으로 되파는 도고로 성장했습니다. 도고가 등장함으로써 조선 상업은 새로운 도약기를 맞았습니다.

　상업이 활기를 띠면서 화폐 유통도 덩달아 활발해졌습니다. 이전에는 아무리 나라에서 화폐를 찍어 내도 제대로 쓰이지 않았는데, 장시가 활기를 띠자 상황이 달라진 것이지요. **화폐의 편리함을 알게 되면서 상평통보가 점점 널리 쓰였고, 조선 사회는 본격적인 상품 화폐 경제의 길로 들어서게 되었습니다.**

사상
나라의 허가를 받지 않고 활동하는 상인.

103

상업이 발전하자 수공업과 광업도 함께 성장했습니다. 직물, 도자기, 금속 같은 제품이 대량으로 생산되어 시장에 공급되었고, 장인들은 전문 생산자로 변했습니다. 광산에서는 '덕대'라는 운영 책임자가 자본을 받아 광부를 고용하고, 채굴·운반·제련 과정을 각각 나누어 광산을 운영했습니다. 마치 오늘날 기업의 전문 경영인처럼 말이지요.

이처럼 조선 후기는 농업 생산력 증가, 상품 작물 확대, 상업과 화폐 경제 발달, 수공업과 광업의 성장으로 이어지는 경제의 큰 전환기를 맞이했습니다. 이러한 변화는 단순히 생활을 풍요롭게 만드는 데 그치지 않았습니다. 부유한 농민들은 경제력을 바탕으로 신분 상승의 기회를 얻게 되어 전통적인 신분제가 흔들리기 시작했지요.

결국 조선 후기의 변화는 한 사회가 스스로의 힘으로 새 시대를 열어가는 과정이었습니다. 전쟁의 상처를 딛고 일어난 백성의 땀과 도전 속에서 농업 혁신, 상업 성장, 자본주의 요소의 싹이 맞물리며 조선 사회는 과거의 틀을 넘어 새로운 시대의 문을 열었던 것입니다.

큰별쌤 최태성의 한국사신문 　　　　　　　　　　　　　조선 후기

호

서학이 전파되고 실학이 발달하다

◆ 서학　◆ 실학　◆ 규방 문학　◆ 정약용

1. 서학, 지식인 사이에서 확산
2. 〈큰별 인터뷰〉 실학으로 현실 개혁에 나선 지식인들
3. 규방 문학의 유행과 여성 실학자 등장
4. 〈큰별 인터뷰〉 여유당에서 정약용을 만나다
5. 〈큰별 칼럼〉 역사에 남은 이름, 정약용

제8호 조선 후기

서학
지식인 사이에서 확산

곤여 만국 전도 복원본
(도호쿠대학교 도서관)

서학 전래 이후 중국 중심 세계관 흔들

최근 조선의 지식인 사이에서 서학이 빠른 속도로 퍼지고 있다. 서학이란 말 그대로 '서양의 학문'이라는 뜻이며 중국을 통해 조선에 들어온 서양의 학문과 사상, 종교 등을 의미한다.

병자호란 이후 청의 수도인 연경에 사신으로 파견된 연행사는 청에 퍼져 있던 서양 문물을 자연스럽게 접하게 되었고, 이들이 천리경, 자명종, 지구의 등 새로운 서양 문물과 서학 관련 서적을 조금씩 들여오면서 서학에 관심을 보이는 지식인이 점차 늘어난 것이다. 이후 실학자들을 중심으로 서학이 본격적으로 연구되기 시작했다.

특히 서양 선교사 마테오 리치가 만든 '곤여 만국 전도'가 처음으로 조선에 들어왔을 때는 조선의 지식인 사이에서 엄청난 화제가 된 것으로 알려졌다.

익명을 요구한 한 실학자는 "곤여 만국 전도라는 세계 지도를 처음 봤을 때의 충격이 아직도 생생하다."라며 "이 지도가 조선에 전해진 이후 많은 지식인이 중국이 세계의 중심이 아니며, 세계가 매우 넓다는 사실을 알게 되었을 것"이라고 덧붙였다.

서학 수용, 과학 기술의 발달 이끌어 내

한편 조선에 소개된 서양 문물은 과학 기술 발달에도 큰 영향을 주었다. **김육은 서양 역법을 바탕으로 한 '시헌력'을 조선에 도입해 조선의 역법 체계를 정비했다.** 기존 역법의 부정확함을 바로잡아 백성의 농사와 국가 행정에 큰 도움을 준 것이다.

학계의 한 관계자는 "시헌력 도입은 단순한 달력 제작을 넘어, 조선이 서양의 과학적 사고를 본격적으로 받아들인 사건"이라고 평가했다.

이뿐만이 아니다. **홍대용은 서양 천문학을 연구해 지구가 스스로 돈다는 사실을 설명했다.** 그의 주장은 조선의 지식인들에게 큰 충격을 주었고, 세계를 바라보는 시야를 넓히는 계기가 되었다.

그러나 일각에서는 서학이 학문적 연구를 넘어 종교로 퍼지는 움직임에 우려를 표하고 있다. 일부 사대부는 "학문으로서 서학은 조선 사회를 발전시키는 데 큰 도움을 주지만, 평등을 추구하는 천주교 신앙이 퍼진다면 사회적 혼란이 일어날 수도 있다."라며 경계심을 드러냈다.

| 제 8 호 | 조선 후기 |

실학으로 현실 개혁에 나선 지식인들

조선 후기에는 현실 개혁적 학문인 실학이 새롭게 등장했습니다. 오늘은 조선 후기의 대표적인 실학자인 박지원, 유형원 선생님을 모시고 이야기를 나눠 보겠습니다.

큰별: **우선 조선 후기에 실학이 유행하게 된 배경을 설명해 주시겠습니까?**

박지원: 실학이 등장하게 된 건 당시 조선의 현실과 깊은 관련이 있습니다. 왜란과 호란을 겪은 이후 백성의 삶은 점점 어려워졌지요. 성리학은 그저 이론만 중시하니 백성의 고통을 직접적으로 해결하지 못했습니다.

큰별 인터뷰

그래서 학문을 실생활에 적용해 백성의 어려움을 해결하고자 하는 새로운 학문, 실학이 등장하게 된 것이지요. 실학자들은 백성의 삶을 안정시키고 나라를 부강하게 만들기 위한 다양한 개혁안을 내놓았죠.

개혁 방향에 따라 농업 중심의 개혁론과 상공업 중심의 개혁론을 펼친 학자들로 나뉜다고 들었습니다. 두 입장을 설명해 주시겠습니까?

농업 중심 개혁론자들은 무엇보다 농민의 삶을 안정시키는 것을 중요하게 여겼소. 직접 농사를 짓지 않는 지주가 대부분의 땅을 차지하고 있는 것이 큰 문제라고 생각했소. 그래서 스스로 농사짓는 농민을 늘리고 토지 제도를 개혁하는 데에 관심을 기울였소. 대표적인 학자로는 나 유형원, 이익, 정약용 등을 꼽을 수 있소.

상공업 중심의 개혁론을 펼친 학자들은 상공업을 발전시켜 나라를 부강하게 만드는 것이 중요하다고 생각했지요. 수레나 배를 이용하고 화폐를 적극 유통하자고 주장했습니다. 또 청의 발달된 문물을 적극 받아들여야 한다고 강조했기에 '북학파'라고 불리기도 했습니다. 대표적인 학자로는 나 박지원, 박제가, 홍대용이 있지요.

실학자 대부분이 정치에 참여하지 않았기 때문에 이들의 주장이 현실에 적용되지는 못했습니다. 하지만 이후 개화 사상과 근대 개혁 운동에 엄청난 영향을 끼쳤지요. 지금까지 큰별 기자였습니다.

제 8 호　조선 후기

규방 문학의 유행과 여성 실학자 등장

여성들의 소통 창구 역할로 '규방 문학' 유행

최근 사회적 한계 속에서도 자신의 능력을 펼치는 여성들이 있어 눈길을 끌고 있다. 남성 중심의 유교 질서가 뿌리내리며 과거보다 지위가 크게 낮아졌지만, 그런 상황에도 일부 여성들은 활발하게 창작 활동을 펼치고 있는 것으로 알려졌다.

그 대표적인 활동이 바로 규방 문학이다. 규방이란 '부녀자가 거처하는 방'을 말하는데, 주로 양반층 여성들이 직접 창작하고 즐긴 한글 문학 작품을 의미한다.

규방 문학에서는 딸에게 시집살이의 규범을 가르치는 내용, 여성의 놀이 문화를 다룬 내용, 남성에 비해 제한된 삶을 살아야 하는 답답한 마음을 표현하는 내용 등 다양한 주제가 등장하고 있다.

한 문학 평론가는 "규방 문학은 여성의 사회 활동이 어려운 상황 속에서 여성들이 자신들의 삶을 표현하는 중요한 수단"이라고 밝혔다.

이빙허각과 이사주당 등 여성 실학자 활약

한편 여성 실학자들의 활동도 주목을 받고 있다. 어릴 적부터 책을 좋아했던 이빙허각은 결혼 후에도 시댁 어른들과 남편의 지원으로 계속 학문을 할 수 있었다고 한다. 그는 자신이 생활하며 얻은 살림의 지혜를 모아 일종의 가정 생활 백과사전인 『규합총서』를 펴냈다. 이 책은 한글로 쓰여 여성들이 쉽게 따라 할 수 있도록 한 것이 특징이다.

또 다른 여성 실학자 **이사주당은 중국의 태교 방법과 자신의 임신 경험을 바탕으로 『태교신기』를 썼다.** 이 책은 여성에게 태교를 권장하는 교육 지침서로서 규방 여성 사이에서 알음알음 알려지면서 필독서로 자리 잡고 있다.

이사주당은 "여성이 책을 읽고 글을 쓰는 것이 금기시되었던 사회에서도 자신의 재능을 펼치려고 노력한 여성들이 있었다는 것을 후세 사람들이 꼭 기억했으면 좋겠다."라고 덧붙였다.

| 제 8 호 | 조선 후기 |

여유당에서 정약용을 만나다

천주교를 믿었다는 죄목으로 귀양살이를 하던 정약용 선생님이 마침내 유배에서 풀려나 고향으로 돌아왔습니다. 무려 18년 만의 귀향인데요, 오늘은 다산 정약용 선생님의 고향집인 '여유당'으로 가서 그간의 이야기를 들어 보겠습니다.

큰별: 유배 생활을 마치고 이렇게 다시 돌아오신 것을 진심으로 축하드립니다! 지금 심정이 어떠신지요?

정약용: 처음엔 정말 말로 표현할 수 없는 감정이 밀려왔다네. 이렇게 다시 고향 땅을 밟을 수 있으리라고는 생각도 못 했거든. 신유박해 때 형님을 비롯해 얼마나 많은 사람이 목숨이 잃었는지를 떠올려 보면 더욱 그렇지 않겠는가.

큰별 인터뷰

유배 이전에도 정약용 선생님께서는 조선 개혁의 핵심 인물로 활약하신 것으로 알고 있습니다. 어떤 활동을 하셨는지 소개해 주시겠습니까?

나는 정조께서 친히 주관하신 대과에 합격해 초계문신으로 발탁되었다네. 이후 주상께서는 나를 가까이 두고 개혁 정책을 함께 논의하셨지. 수원 화성을 설계하는 데에도 참여했고, 인부들의 노동력을 줄이기 위해 녹로, 거중기, 유형거 같은 기구를 만들기도 했지.

유배 생활 동안에도 집필 활동을 이어 가셨다고 들었습니다. 대표작 몇 권을 소개해 주신다면요?

먼저 유배지에서 쓴 『목민심서』는 지방 관리들이 백성을 위해 어떤 정치를 해야 하는지 구체적으로 밝힌 책이라네. 관리라면 백성의 고통을 먼저 살피고 청렴함을 지켜야 한다고 강조했지. 『경세유표』에는 조선의 제도를 근본적으로 개혁해야 한다는 주장을 담았다네. 중앙과 지방 행정 제도를 정비하고, 국가의 운영 체계를 합리적으로 바꾸자는 뜻이 들어가 있지. 이 두 책은 단순히 글이 아니라, 내가 평생 꿈꾼 이상 사회의 설계도라고 할 수 있다네.

선생님의 굳건한 의지를 담은 책들이군요. 모두 백성을 중심에 둔 개혁 정치를 주장했다고 볼 수 있겠어요.

결국 백성이 편안해야 나라가 바로 설 수 있다고 생각하거든. 그래서 법과 제도를 고치고, 학문을 실생활에 적용해 실질적인 변화를 이루고자 했지. 내 삶과 사상은 모두 백성을 향해 있다네.

정약용 선생님은 고향으로 돌아온 뒤 끝내 벼슬길에 오르지 못했지만, 유배지에서 남긴 수많은 저술은 조선이 나아갈 길을 제시했습니다. 오늘날에도 선생님의 책은 백성을 위한 정치가 무엇인지를 분명히 보여 주고 있습니다. 지금까지 큰별 기자였습니다.

제8호 조선 후기

역사에 남은 이름 정약용

치열하게 글을 쓴 정약용

"실학을 집대성한 대학자 정약용을 만나다"

정약용에게 정조는 자신을 든든하게 지지해 주고 도와준 사람이자, 학문을 이끌어 준 스승이었어요. 그리고 때로는 서로의 생각을 자유롭게 나누는 벗이기도 했지요. **정약용은 정조를 만나 비로소 능력을 마음껏 발휘할 수 있었고, 정조 역시 정약용의 도움을 받아 자신이 생각한 개혁 정책을 하나하나 실현해 나갈 수 있었어요.**

이런 특별한 관계였던 정조가 세상을 떠나자 정약용은 크게 슬퍼했어요. 그는 그날의 슬픔을 이렇게 기록하기도 했어요.

> 천 줄기 흐르는 눈물 옷에 가득하고
> 바람 속 은하수도 슬픔에 잠겼어라.
> - 『다산시문집』 제4권

하지만 정조가 세상을 떠난 직후, 그 슬픔을 느낄 새도 없이 정약용의 고난이 시작되었습니다. 자신을 지켜 주는 든든한 방패였던 정조가 사라지자, 그와 반대편에 있던 신하들이 그를 마구 공격했거든요.

정약용은 자칫 잘못하다가는 죽을 수도 있겠다는 위기감을 느꼈던 모양이에요. 그래서 그는 관직을 그만두고 남양주의 고향집으로 가서 그곳에 '여유당'이라는 현판을 걸었어요. 여유당은 '겨울에 살얼음판을 건너듯 조심하고, 사방을 두려워하듯 신중히 하라'는 뜻을 담고 있어요.

자신을 보호해 줄 정조가 없는 상황에서 작은 실수 하나가 목숨을 위태롭게 할 수 있으니 조심조심 살아가고자 한 거예요.

그런데 왜 불길한 예감은 틀리지 않는 걸까요? 결국 정약용은 1801년에 일어난 천주교도 박해 사건에 휘말려 강진으로 유배를 떠나게 된답니다. 무려 18년에 이르는 길고 긴 유배 생활 동안 정약용은 책을 500여 권이나 썼다고 알려져 있어요. 이 이야기만 들으면 '유배라는 게 그렇게까지 힘들지 않은가 보다'라고 생각할 수 있어요.

하지만 천만의 말씀이에요. 유배지에서의 생활은 언제 죽을지 모르는 불안감 속에서 사는 겁니다. 어느 날 갑자기 말발굽 소리가 들리면 그 날로 죽는 거죠. 죄인에게는 대개 사약이 내려지게 마련이니까요. 아침에 눈을 떴을 때마다 '내가 죽는 날이 오늘인가' 하는 불안 속에서 생활한다고 생각해 보세요. 정말이지 너무나 힘들 겁니다. 그래서 유배지에서 사약을 받기도 전에 스트레스를 받아 죽는 사람도 많았다고 해요.

그런데 정약용은 그런 상황에서 무려 500여 권이나 되는 책을 썼다니, 정말 대단하죠? 밤낮으로 얼마나 열심히 글을 썼으면 앉아서 글을 쓰느라 바닥에 닿았던 복숭아뼈가 드러날 정도였다고 해요. 나중에는 너무나 고통스러운 나머지 선반에다 종이를 올려 두고 서서 글을 썼다고 합니다.

정약용은 왜 이렇게 치열하게 글을 썼을까요? 이 질문에 대한 답은 정약용이 자기 아들에게 쓴 편지에서 찾을 수 있답니다.

그는 자신의 글이 후세에 전해지지 않으면, 후세 사람들은 사헌부의 재판 기록만으로 자신을 죄인으로 기억할 것이라며 그토록 수많은 저술을 남긴 이유를 밝히고 있어요. 또 몰락한 집안이라고 해도 포기하지 말고 부지런히 책을 읽어 학문을 닦아 다음을 기약할 것을 당부하기도 했지요.

이처럼 정약용은 역사가 무엇인지 정확히 알고 있는 사람이었어요. **여러분도 잘 알다시피 오늘날 교과서에 정약용은 '죄인'이 아니라, '조선 후기 실학을 집대성한 대학자'로 기록되어 있어요. 그가 치열하게 남긴 기록 덕분이지요.**

정약용의 이야기에서 우리는 자기 생각과 신념을 기록하고 남기는 일이 얼마나 중요한지 배울 수 있어요. 벼슬길이 막혔다고, 죄인이 되었다고 해서 포기하지 않았지요. 정약용은 재판 문서에 기록된 몇 줄짜리 글로만 평가받는 것을 거부하고, 자신이 남긴 글을 통해 후세의 평가를 받고자 했습니다.

만약 그가 자신의 처지에 좌절하고 아무 일도 하지 않았다면, 오늘날처럼 존경받는 학자가 될 수 없었을 거예요. 한 번 실패하고 좌절을 겪었다고 해서 모든 것이 끝나는 것이 아님을 정약용은 우리에게 알려 주고 있답니다.

큰별쌤 최태성의 한국사신문 | 조선 후기

백성이 중심이 되는 서민 문화가 발달하다

◆ 서당 ◆ 풍속화 ◆ 한글 소설 ◆ 민화 ◆ 판소리 ◆ 탈춤

1. 서민에게 부는 교육 열풍, 서당 교육 대중화
2. 풍속화 유행, 화폭에 담긴 백성의 삶
3. 대중의 삶에 스며든 한글 소설 인기
4. 〈큰별 광고〉 민화 장터가 열립니다
5. 판소리와 탈춤, 뜨거운 인기를 끌다
6. 〈큰별 칼럼〉 문화는 시대를 반영한다

제9호　조선 후기

서민에게 부는 교육 열풍
서당 교육 대중화

서민층 교육에 관심, 서당 폭발적 증가

　최근 교육과 예법을 담당하는 예조가 실시한 조사에 따르면, 전국적으로 2만 곳이 넘는 서당이 운영되고 있는 것으로 나타났다. **서당은 대도시뿐 아니라 농촌과 산간 지역의 작은 마을까지 세워질 정도로 널리 퍼졌으며, 각 마을에서는 서당계를 조직해 운영 비용을 충당하는 것으로 보인다.**

　서당은 16세기 사림의 주도로 널리 퍼지기 시작했다. 사림은 유교 윤리를 향촌 사회에 뿌리내리기 위해 서당을 세우고 향약을 실시했다. 이후 임진왜란과 병자호란을 거치며 농업과 상공업이 발달하자 경제적으로 여유가 생긴 서민이 늘어나면서 교육에 대한 관심이 높아졌고, 이에 따라 서당의 수는 폭발적으로 증가했다.

서당 교육 대중화, 누구에게나 열린 교육의 문

서당에 입학하는 데에는 특별한 제한이 없어 신분과 관계없이 누구나 다닐 수 있지만, 초기에는 주로 양반 자제를 중심으로 교육이 이루어졌다. 그러나 점차 중인과 평민 자제들까지 적극적으로 참여하면서 서당 교육이 점차 대중화되었다. 특히 최근 평민 출신 이양필이 문과에 급제한 사실이 알려지면서 교육열은 더욱 높아지고 있다.

한 학부모는 "아들 셋을 모두 서당에 보내고 있다."라며 "자식들이 최소한 나보다는 더 나은 삶을 살기를 바라는 게 부모 마음 아니겠느냐. 그러려면 배워야 하고, 배움을 통해 세상이 달라 보일 것"이라고 말했다.

형편이 넉넉지 않은 가정에서는 훈장에게 수업료 대신 음식을 제공하거나 집안일을 돕는 방식으로 자식에게 서당 교육을 시키는 경우도 있는 것으로 알려졌다.

이처럼 서당 교육의 확산으로 글을 읽고 쓸 수 있는 사람이 크게 늘어나면서 서민의 의식 수준이 성장했고, 문학과 예술에 대한 관심이 높아져 서민 문화의 발달을 이끌고 있다는 분석도 나오고 있다.

| 제 9 호 | 조선 후기 |

풍속화 유행
화폭에 담긴 백성의 삶

백성의 생생한 삶의 현장, 화폭에 담아

최근 조선에서 풍속화가 큰 인기를 끌고 있다. 풍속화는 백성의 삶을 있는 그대로 화폭에 담아낸 그림으로, 일상생활 등을 소박하면서도 재치 있게 표현한 것이 특징이다.

도화서 출신의 한 화원은 풍속화의 인기 비결에 대해 "이상 세계의 인물이나 풍경, 사대부 중심의 고상한 묘사가 아니라 우리 주변에서 흔히 볼 수 있는 사람들의 모습을 담았다는 점이 사람들의 마음을 사로잡은 것 같다."라고 말했다.

실제로 풍속화에는 지금까지 그림에서 보기 어려웠던 장터, 주막, 서당, 놀이판 등의 풍경이 사실적으로 담겨 있다. 그래서 그림을 보는 사람이 마치 자신의 삶을 보는 것처럼 친밀감을 느낄 수 있다.

한편 한양의 화랑가에는 유명 화원이 그린 풍속화 화첩을 구하려고 이른 아침부터 줄을 서는 '오픈런' 현상까지 일어나고 있어 화제가 되고 있다.

김홍도와 신윤복 등이 풍속화 인기 견인

이런 풍속화 흥행의 중심에는 '조선의 3대 풍속화가'로 손꼽히는 단원 김홍도와 혜원 신윤복이 있다.

〈서당〉, 〈씨름〉, 〈벼 타작〉 등의 풍속화로 유명한 김홍도는 주로 서민이 자기 일에 몰두하는 모습을 익살스럽고 생동감 있게 표현해 백성의 사랑을 한 몸에 받고 있다. 김홍도의 스승으로도 잘 알려진 강세황은 "그림을 얻으려는 사람들이 날마다 비단을 들고 김홍도를 찾아가고 있어 잠자고 먹을 시간도 없을 정도"라고 전하기도 했다.

신윤복은 〈미인도〉, 〈월하정인〉, 〈단오풍정〉 등에서 볼 수 있듯이 섬세하고 화려한 색채를 사용하며, 여성을 주인공으로 내세운 작품이 많다. 그는 특히 양반들의 위선적이거니 방탕한 모습을 사실적으로 그려 내어, 일부 양반들로부터 비판을 받기도 했다.

이처럼 풍속화는 서민의 일상과 양반 사회의 모습을 사실적으로 담아내 대중의 공감을 이끌어 냈다. 이에 따라 풍속화 감상은 서민의 새로운 문화 트렌드로 자리 잡을 것으로 전망된다.

| 제 9 호 | 조선 후기 |

대중의 삶에 스며든 한글 소설 인기

대중의 삶에 스며든 한글 소설 열풍

『홍길동전』, 『춘향전』, 『심청전』 등 한글로 쓰인 소설이 대중의 폭넓은 사랑을 받으며 조선 사회에 새로운 문화의 바람을 일으키고 있다. 한글이 널리 보급되고 인쇄술이 발달하면서 독자층이 점차 넓어졌고, 농업과 상업의 성장으로 생활에 여유가 생기자 책을 읽는 서민과 여성이 크게 늘어난 것이 배경으로 꼽힌다.

한글 소설의 인기는 단순한 오락거리를 넘어 백성의 현실을 생생하게 반영한 데에 있다. 사회의 모순을 비판하거나 인간의 다양한 감정을 담아내며 서민의 공감을 이끌어 낸 것이다.

한 문학 평론가는 "글은 백성의 말에서 생겨나야 하며, 사람들의 기쁨과 슬픔을 담는 그릇이 되어야 한다."라며 "한글 소설이 지금 그 역할을 하고 있기 때문에 폭넓은 사랑을 받고 있다."라고 평했다.

거리의 이야기꾼 '전기수'

한글 소설의 대중화에는 전기수의 활약도 큰 몫을 차지했다. 전기수는 글을 읽지 못하거나 책을 직접 살 수 없는 이들을 위해 장터와 거리에서 소설을 읽어 주는 전문 직업인이다. 억양과 몸짓을 곁들여 이야기를 생생하게 전달하고, 흥미로운 대목에서 일부러 멈추어 관객의 호기심을 자극하기도 했다.

종로 장터에서 만난 한 독자는 "전기수가 읽어 주면 바로 그 장면이 눈앞에서 펼쳐지는 듯하다."라며 감탄을 전했다.

이처럼 한글 소설이 대중적 인기를 얻자 출판과 유통 시장도 활기를 띠었다. 전문 작가와 필사자가 등장했고, 책을 사고파는 '책쾌', 책을 빌려주는 '세책점'이 늘어나면서 한글 소설은 조선 사회의 대표적인 대중문화로 자리매김하고 있다.

큰별 광고

민화 장터가 열립니다

〈책가도〉
(국립 중앙 박물관)

- **위치** 한성 종로 광통교 근처 공터
- **날짜** 8월 초하루부터 10일간
- **시간** 해 뜰 무렵부터 해 지기 전까지(비 오는 날은 휴장)

민화는 이름이 알려지지 않은 화가들이 그린 그림입니다.
민화에는 행복과 건강 등 서민의 소망이 표현되어 있지요.
민화를 구입해 집 안 곳곳을 장식하거나,
사랑하는 가족과 친구에게 평안과 행복을 선물하세요.

구매 가이드 소망을 담은 민화를 골라 보세요.

호랑이 나쁜 기운을 막아 주기를 바라는 마음
까치 복이 날아 들어오기를 바라는 마음
물고기와 십장생 건강과 풍요를 기원하는 마음
꽃과 새 풍요와 부부간의 화목을 기원하는 마음
책거리 배움과 성장, 출세를 기원하는 마음

출세를 바란다면 <책거리> 민화가 최고!

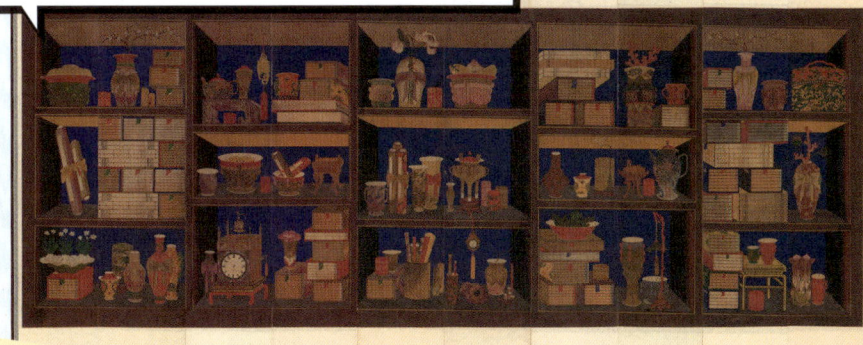

〈책거리〉
(국립 중앙 박물관)

신혼부부 집들이 선물로 추천!
<화조화>

민화 인기 순위 1위!
<호랑이와 까치>

〈화조화〉
(국립 중앙 박물관)

〈호랑이와 까치〉
(국립 중앙 박물관)

| 제 9 호 | 조선 후기 |

판소리와 탈춤 뜨거운 인기를 끌다

판소리와 탈춤, 전국 각지에서 대유행

최근 판소리와 탈춤이 대중의 폭넓은 사랑을 받으며 공연 문화가 전성기를 누리고 있다. 판소리는 부채를 든 소리꾼이 북 치는 사람의 장단에 맞춰 노래와 설명, 몸짓을 섞어 가며 이야기를 들려주는 공연이다. 서민의 고달픈 현실과 희로애락을 노래하면서 서민 문화의 상징으로 자리 잡았고, 점차 양반도 널리 즐기는 대중문화로 발전했다.

판소리는 사람이 많이 모이는 지방의 장시에서 주로 공연된다. 『춘향전』, 『심청전』,

『흥부전』 같은 인기 소설을 바탕으로 소리꾼이 북장단에 맞춰 노래와 말과 몸짓으로 이야기를 풀어내는 것이 특징이다.

장이 설 때마다 판소리를 즐긴다는 한 농부는 "똑같은 이야기라도 소리꾼이나 지역마다 가락을 넣는 방법이나 내용이 조금씩 달라서 여러 번 봐도 항상 새롭게 느껴진다."라며 "판소리를 한 번도 보지 않은 사람은 있어도, 한 번만 본 사람은 아마 없을 것"이라고 말했다.

탈춤, 억눌린 감정을 풀어낸 한판

판소리와 함께 탈춤도 전국 각지에서 유행하고 있다. **탈춤은 광대라고 불리는 놀이꾼이 여러 가지 표정 탈을 쓰고 춤과 노래, 연기로 이야기를 전달하는 연극이다.** 특히 탈춤은 양반들의 허세와 부조리한 사회를 우스꽝 스럽게 표현하여 서민에게 큰 호응을 얻고 있다.

익명을 요구한 한 광대는 "탈춤이 서민의 억눌린 감정을 해소하는 통로가 되고 있다."라며 자부심을 드러냈다.

이처럼 판소리와 탈춤은고 사회의 모순을 웃음과 해학으로 풀어내 계층 간 갈등을 줄이고 있다는 평가를 받고 있다. 또 장터와 마당에서 어울려 함께 공연을 즐기기에 공동체 의식을 다지는 데에도 크게 기여하고 있다는 분석이다.

| 제 9 호 | 조선 후기 |

문화는 시대를 반영한다

조선 후기 서민 문화의 발달 배경

"문화는 시대의 가치관을 반영하는 거울이다"

문화를 흔히 '시대를 비추는 거울'이라고 합니다. 조선 후기에 서민 문화가 눈부시게 발전한 것 역시 우연이 아니었습니다. 사회가 달라지면서 그 변화의 물결이 자연스럽게 문화에 스며든 결과였습니다.

조선 후기에는 농업 생산량이 폭발적으로 늘어났습니다. 농민들은 예전보다 덜 힘들게 더 많은 곡식을 거둘 수 있었고, 일부는 부유한 농민으로으로 성장했습니다. 여기에 장시와 도시가 활성화되고 상업과 수공업이 발달하면서 서민의 주머니도 두둑해졌습니다. **삶에 여유가 생기자 사람들은 단순히 먹고사는 문제를 넘어 문화와 예술을 즐기기 시작했습니다.**

교육의 확산은 이러한 변화를 더욱 굳건하게 받쳐 주었습니다. 전국적으로 서당이 늘어나면서 한글을 읽고 쓰는 사람이 많아졌지요. 그 덕분에 『홍길동전』, 『춘향전』, 『심청전』 같은 한글 소설이 큰 인기를 얻었습니다. 이들 소설은 단순한 재미를 넘어 신분 차별과 사회의 불평등을 꼬집고, 평범한 인물이 어려움을 이겨 내는 이야기를 담아 독자에게 깊은 공감과 희망을 전했습니다.

사회 구조의 변화 또한 서민 문화의 성장을 이끌었습니다. 양반 중심의 질서가 서서히 흔들리면서 서민의 목소리가 힘을 얻기 시작한 것이죠. 판

큰별 칼럼

소리는 소리꾼의 목청을 타고 흘러나와 권력자의 허세를 풍자했고, 탈춤은 관객의 웃음과 박수 속에서 잘못된 사회의 모습을 날카롭게 보여 주었습니다.

집집마다 걸린 민화에는 장수를 바라는 마음, 복을 기원하는 간절한 소망이 담겨 있습니다. 이 모든 것이 곧 서민의 삶과 꿈을 고스란히 담아낸 문화의 또 다른 얼굴이었습니다.

제 9 호 조선 후기

이렇듯 조선 후기에는 경제 발달, 교육 확산, 신분제 변동이 서로 맞물리며 서민 문화가 활짝 피어났습니다. **그것은 양반이 중심이던 기존 문화와 달리 일반 서민이 주체적으로 참여하고 즐기는 대중문화의 성격을 띠었지요. 그리고 마침내 조선 사회 문화의 중요한 흐름으로 자리 잡게 되었습니다.**

이런 흐름은 오늘날에도 이어지고 있습니다. 1990년대 이후 사회의 민주화와 경제 성장이 기반이 되어 대중문화가 꽃을 피웠고, 디지털 기술이 더해져 전 세계로 뻗어 나가고 있는 것입니다.

결국 문화란 그 시대를 반영하는 거울입니다. 조선 후기 서민 문화가 그러했고, 오늘날의 K-콘텐츠가 그러합니다. 시대가 변해도 문화는 언제나 사람들의 삶과 마음을 비추는 창이라는 사실을 잊지 말아야겠습니다.

김홍도, 〈춤추는 아이〉
(국립 중앙 박물관)

큰별쌤 최태성의 한국사신문

조선 후기

제 **10** 호

백성의 분노가 폭발하다

◆ 세도 정치　◆ 공노비 해방　◆ 홍경래의 난　◆ 임술 농민 봉기

1. 순조, 공노비 해방 선포
2. 안동 김씨 권력 독점, 세도 정치의 길로 향하다
3. 민심을 담은 정체불명의 벽서 발견
4. 홍경래의 난, 관군에 진압
5. 〈큰별 인터뷰〉 세도 정치 아래 신음하는 백성을 만나다
6. 진주에서 시작된 농민 봉기, 조선 전역으로 확산
7. 〈큰별 칼럼〉 조선이 무너질 수밖에 없었던 이유

제 10 호 　 조선 후기

순조, 공노비 해방 선포

국가 소속 노비 6만여 명 양인으로 전환

1801년, 조선 순조가 공노비 해방을 선포했다. 이번 조치에 따라 6만 6,000여 명에 이르는 공노비가 일반 양인으로 전환될 예정이다.

공노비란 국가의 관청과 왕실에 소속된 노비를 말한다. 이들은 소속 기관의 명령에 따라 각종 노동 현장에 끌려가야 했다. 하지만 순조의 이번 조치에 따라 앞으로 이들은 노비 신분에서 벗어나 자유롭게 직업을 가질 수 있게 된다.

승정원이 배포한 보도 자료에 따르면, 순조는 "일찍이 선왕께서도 왕실 소속의 내노비와 각 관청 소속의 시노비 등 공노비를 풀어 주고자 하셨으니, 내 마땅히 이 뜻을 이어받아 지금부터 공노비를 해방토록 할 것이다."라고 밝혔다. 또 순조는 승정원에 명하여 관청의 노비 문서를 거두어 돈화문 밖에서 불태우라고 명한 것으로 알려졌다.

부족한 세금을 충당하려는 정책?

한편 전문가들은 순조의 이번 조치가 백성을 위한 결정이라기보다는 사회적·경제적 요인이 복합적으로 작용한, 어쩔 수 없는 선택이라고 보고 있다.

최근 조선의 전통적인 신분 질서에 변화가 생기면서 양반의 수가 급격히 늘어났고, 결과적으로 세금을 내는 계층은 줄어들어 나라 살림이 점점 어려워지고 있다. 경제를 담당하는 호조에서 실시한 조사에 따르면, 양반의 수가 인구의 60%를 넘어서는 고을도 있는 것으로 나타났다.

익명을 요구한 한 관리는 "공노비 해방은 사실 세금을 내야 할 양인의 수를 늘리려는 정책이나 마찬가지"라며 "부족한 세금을 충당하려고 공노비를 납세 의무가 있는 양인으로 전환한 것"이라고 귀띔했다.

한편, 순조가 내린 공노비 해방 조치는 오랫동안 이어져 온 신분제와 노비 제도에 큰 변화를 일으키는 중요한 계기가 될 것이라는 전망도 나오고 있다.

제 10 호 조선 후기

안동 김씨 권력 독점
세도 정치의 길로 향하다

안동 김씨, 조정 권력 장악

조선 조정의 권력 구도가 빠르게 바뀌고 있다. 정조가 49세라는 젊은 나이에 갑작스럽게 세상을 떠나자, 그의 아들 순조가 제23대 임금으로 즉위했다. 하지만 순조는 겨우 열한 살에 불과했기 때문에, 대비였던 정순왕후 김씨가 수렴청정을 맡아 나라를 다스렸다.

이후 순조가 직접 정치를 시작하면서 상황은 달라졌다. 임금의 장인 김조순을 중심으로 한 안동 김씨 집안이 권력을 장악한 것이다. **조정 곳곳에 안동 김씨 출신 관리들이 대거 관직에 오르면서 주요 자리를 차지하고, 다른 정치 세력은 설 자리를 잃고 있다.** 이는 특정 가문이 나라 살림을 사실상 독점하게 되는 문제로 지적되고 있다.

세도 정치의 서막이 오르다

안동 김씨가 권력을 장악한 이후 민심도 술렁이고 있다. 백성 사이에서는 "권력이 한 집안에만 쏠리면 부정부패가 심해지고 결국 백성의 삶이 힘들어진다."라는 걱정이 번지고 있다. 일부에서는 "나라가 안동 김씨의 손에 넘어갔다."라는 탄식까지 나오는 상황이다.

관리들 사이에서도 우려가 크다. 권력을 견제할 기관이 없어 나라의 중요한 일이 특정 가문에 휘둘릴 수 있다는 경고가 잇따른다.

전문가들은 "이미 세도 정치가 시작됐다."라는 평가를 내놓고 있다. **세도 정치는 임금의 외가쪽인 외척이나 권세가들이 권력을 독차지해 나라 살림을 자기들 뜻대로 운영하는 정치 형태이다.** 이런 권력 구조가 굳어질 경우 조선 사회 전반에 큰 혼란을 가져올 것이라는 전망이 커지고 있다.

제 10 호   조선 후기

민심을 담은 정체불명의 벽서 발견

"탐관오리 척결!" 분노한 민심 벽서로 표출

최근 세도 정치가 극심해지면서 조선 사회 곳곳에서 관리들의 부정부패와 횡포를 비판하는 *벽서가 잇따라 발견되고 있다. 평안도와 황해도, 함경도 등을 중심으로 시작된 이번 벽서 사태는 점차 전국으로 늘어날 조짐을 보이고 있다.

특히 지난해 말에는 평안도 관아의 벽에 "부패한 수령은 백성의 기름을 쥐어짜고, 탐욕스러운 지방 관리는 백성의 살을 벗겨 내네. 탐관오리의 횡포에도 조정은 눈을 감고 귀를 막으니, 백성은 팔도 곳곳에서 들고일어나리."라는 내용의 벽보가 붙어 지역 사회가 발칵 뒤집히기도 했다.

이에 조정은 "나라를 비방하고 민심을 동요시키는 벽서를 붙이는 자는 물론, 벽서를 소지한 자 역시 범죄로 여길 것이며, 범인을 잡는 자에게는 상금과 벼슬을 내리겠다."라고 발표하기도 했다. 이런 조정의 방침에도 불구하고 벽서는 인근 마을에도 급속도로 퍼지고 있는 것으로 알려졌다.

치안 업무를 담당하는 한 관리는 "최근 몇 년 사이에 부패한 관리들의 수탈이 극심해지면서 민심이 급속도로 악화하고 있다."라고 밝혔다.

"대규모 반란이 일어날 수도" 경고 잇따라

정체불명의 벽서가 퍼지는 것에 대해 백성들은 대체로 "속이 시원하다.", "터질 것이 터졌다."라는 반응을 보이고 있다.

경기도의 한 농부는 "돈을 주고 관리가 된 탐관오리들이 수단과 방법을 가리지 않고 백성에게 세금을 뜯어 가고 있다."라며 "벽서는 백성이 차마 입 밖으로 내지 못했던 마음의 소리나 마찬가지"라고 전했다.

하지만 이런 상황에서도 부패한 관리들은 백성의 불만을 해결하기보다는 백성의 목소리를 피하는 데에 급급한 것으로 알려져 우려의 목소리가 커지고 있다.

***벽서** 여러 사람에게 알릴 내용을 벽에 써 붙이는 글.

제 10 호 　 조선 후기

홍경래의 난 관군에 진압

농민들의 분노 폭발, '홍경래의 난'으로 이어져

　홍경래를 중심으로 일어난 서북 지방의 봉기가 관군의 공격에 밀려 결국 정주성에서 진압됐다. 이번 봉기는 '홍경래의 난'이라 불리며, 난이 일어난 원인은 서북 지역에 대한 차별과 지배층의 가혹한 수탈이었다.

　평안도를 비롯한 서북 지역 사람들은 '성리학을 늦게 받아들였다'는 이유로 오랫동안 무시당했고, 과거 시험에 합격하더라도 높은 벼슬길에 오르지 못하는 등 각종 차별을 받은 것으로 보인다.

한 실학자는 "한양 사람은 평안도 사람과 혼인하거나 친구로 삼지 않았습니다. 평안도에는 이름난 양반 가문이 없었고, 양반 가문도 그곳에 가서 살려 하지 않았습니다. 세도가의 노비조차 평안도 사람을 업신여길 정도였습니다."라고 상황을 전했다.

차별과 더불어 수탈도 심각했다. 평안도는 중국과의 무역 통로에 자리해 상공업이 발달했고, 금광과 은광이 많아 지배층의 착취가 끊이지 않았다. 이런 상황이 계속되자 참다 못한 서북 지방 민중이 봉기를 일으킨 것이다.

한편 홍경래는 이번 봉기를 일으키기에 앞서 10여 년에 걸쳐 비밀리에 세력을 키우며 치밀하게 준비한 것으로 전해졌다. 우선 그는 평안도 여러 지역을 돌면서 우군칙, 이희저, 김창시 등과 함께 지휘부를 세웠다. 또 사회에 불만을 품은 농민, 몰락한 양반, 광산 노동자 등 다양한 계층의 사람을 끌어모아 봉기군을 조직했다.

농민 봉기 약 5개월 만에 진압, 불씨는 여전

홍경래와 봉기군은 순식간에 평안도의 가산과 곽산을 장악하고, 불과 열흘 남짓 만에 선천과 정주 등 청천강 이북의 여러 고을을 점령했다. 그러나 조정이 급히 보낸 토벌군과의 전투에서 판세가 달라졌다. 봉기군은 송림 평야에서 관군의 공격에 크게 패했고, 홍경래는 정주성으로 들어가 마지막 항진을 벌였으나 결국 성이 함락되며 관군의 총에 맞아 사망한 것으로 전해진다.

홍경래의 난은 약 5개월 만에 진압되었지만, 조선 사회 개혁을 바라는 민중의 목소리는 사그라지지 않았다. 평안도의 한 농민은 "백성 사이에서는 홍경래가 아직 살아 있다는 소문이 돌고 있다."라며 "앞으로도 민중의 저항은 계속될 것"이라고 전했다.

| 제 10 호 | 조선 후기 |

세도 정치 아래 신음하는 백성을 만나다

조선 순조의 즉위와 함께 시작된 세도 정치가 헌종과 철종까지 이어지며 약 60년간 계속되고 있습니다. 오늘은 세도 정치 아래 고통받고 있는 백성의 목소리를 직접 들어 보겠습니다.

큰별 백성들의 신음 소리가 전국에 울려 퍼지고 있습니다. 지금 조선 백성들이 이렇게 힘든 이유가 무엇이라고 생각하십니까?

백성1 그야 뻔하지요. 바로 세금 때문입니다. 차라리 세금 안 내는 노비가 더 나을 지경이라니까요. 전정, 군정, 환곡이라 불리는 삼정이 나라 살림의 근본인데, 세도 정치가 시작된 뒤로 완전히 엉망이 돼 버렸습니다.

큰별 인터뷰

삼정이 엉망이 되었다는 말씀이 구체적으로 어떤 뜻입니까?

전정은 원래 땅에 세금을 매기는 건데, 황무지에도 억지로 세금을 부과하고, 온갖 핑계를 대서 정해진 양보다 더 거둬 갔어요.

군정은 군포를 내는 제도인데, 죽은 아버지나 갓 태어난 아기한테까지 세금을 물렸지요. 심지어 도망간 이웃 몫까지 떠안아야 했고요.

환곡은 원래 흉년에 곡식을 빌려주고 가을에 약간의 이자를 붙여 갚게 하는 제도였는데, 필요하지도 않은데 억지로 빌려주고 터무니없는 이자를 뜯어내더이다. 심지어 빌려준 곡식에 모래를 섞어 놓기도 했어요!

말도 안 되는 세금으로 고통받고 계시군요. 왜 이런 일이 벌어진 걸까요?

세도 정치가 이어지면서 관리들의 부정부패가 날마다 심해진 탓이지요. 세도 가문에 뇌물을 바치지 않으면 벼슬을 얻을 수가 없으니, 관리들이 그 뇌물을 마련하려고 백성을 닦달하는 겁니다.

그 말씀은 벼슬을 사고파는 매관매직이 성행한다는 의미입니까?

기자 양반, 뭘 그렇게 놀라십니까? 세도 정치 아래서는 흔한 일입니다. 이제 과거 시험 따위는 아무 소용이 없습니다. 돈 없으면 벼슬도 못 얻는 세상이 되어 버렸어요.

이처럼 조선 후기 세도 정치는 삼정의 문란으로 이어졌고, 백성의 고통은 이루 말할 수 없을 정도로 심해졌습니다. 결국 농민들은 잘못된 사회를 비판하며 들불처럼 일어나기 시작했습니다. 여기까지 큰별 기자였습니다.

제 10 호   조선 후기

진주에서 시작된 농민 봉기 조선 전역으로 확산

들불처럼 번지는 백성의 분노, 농민 봉기 확산

    1862년, 경상도 진주에서 시작된 농민 봉기가 전국으로 확산되고 있다. 홍경래의 난 이후에도 지배층의 부정부패와 수탈은 계속되었고, 정부는 이렇다 할 대책을 내놓지 못했다.

    이러한 상황에서 올해 2월, 경상도 진주에서 삼정의 문란과 가혹한 세금에 맞서 농민들이 봉기한 것이다. 봉기를 주도한 유계춘은 "경상우병사 백낙신과 진주목사 홍병

원은 갖가지 방법으로 과도한 세금을 거두어들이고 있다."라며 "백성이 고통으로 신음하는데도 정부는 외면하니, 우리가 직접 이를 바로잡겠다."라고 주장했다.

진주성을 점령한 농민들

유계춘과 농민들은 관아로 몰려가 시위를 벌였고, 악명 높은 양반과 관리의 집을 무너뜨리며 재물을 빼앗았다. 한때는 진주성까지 점령할 정도로 기세가 대단했던 것으로 알려졌다. **봉기는 빠른 속도로 경상도 전역으로 번졌으며, 전라도와 충청도를 넘어 북으로는 함흥, 남으로는 제주까지 확산되는 등 전국으로 퍼져 나갔다.**

한편 철종은 사태를 조사하고 수습하기 위해 안핵사 박규수를 진주에 파견했다. 박규수는 봉기의 원인이 탐관오리의 횡포와 수탈에 있음을 확인하고, 이들을 처벌할 것을 조정에 보고했다. 그러나 진압 과정에서 유계춘을 비롯한 수많은 농민이 체포되어 처형되는 희생이 뒤따랐다.

정부, 삼정이정청 설치

철종은 이어 각지의 보고를 바탕으로 삼정의 문란이 이번 사태의 원인임을 인정하고, 특별 기구인 삼정이정청을 설치해 해결 방안을 마련하라고 지시했다. 이에 따라 조정은 세금 운영의 폐단을 바로잡을 개혁안을 곧 발표할 것으로 보인다.

그러나 한 농민 봉기 지도자는 "부패한 지배층과 무능한 관리들은 사태의 근본 원인을 해결할 생각이 없다."라며 "개혁을 실행할 능력과 의지가 없는 한 농민의 분노는 계속 폭발할 것"이라고 암울한 전망을 내놨다.

제 10 호   조선 후기

조선이 무너질 수밖에 없었던 이유

조선을 서서히 침몰시킨 매관매직

"관리들이 백성을 수탈하는 악순환이 벌어지다"

조선이 본격적으로 무너지기 시작한 시점은 언제였을까요? 바로 19세기 초부터 약 60년 동안 이어진 세도 정치 시기입니다. 이때 순조, 헌종, 철종 3대에 걸쳐 안동 김씨 등 몇몇 가문이 권력을 독점하면서, 임금의 권위는 크게 약해졌고 권력을 견제하던 제도도 사실상 사라졌습니다.

무엇보다도 큰 문제는 벼슬이 능력이 아니라 돈으로 정해지는 '매관매직'이었습니다. 돈으로 관직을 사고파는 일이 공공연하게 이루어진 것이지요. 예를 들어 어떤 사람이 1만 냥을 주고 고을 수령 자리를 샀다고 해 봅시다. 나라에서 받는 월급만으로는 그 돈을 메울 수 없으니, 결국 백성에게 세금을 더 거두어 채울 수밖에 없었습니다. 그 결과 조선의 세금 제도는 크게 흔들리게 됩니다.

당시 조선의 재정은 전정, 군정, 환곡, 이른바 삼정에 의존하고 있었습니다. 그러나 탐욕스러운 관리들 때문에 이 제도는 완전히 무너졌습니다. 경작하지 않은 황무지에도 세금을 부과하고, 죽은 사람이나 갓난아이에게까지 군포를 걷었습니다. 환곡 역시 본래 흉년에 곡식을 빌려주고 가을에 약간의 이자를 붙여 갚게 하는 제도였으나, 관리들은 이를 악용했습니다. 곡식을 억지로 떠넘기거나 터무니없는 이자를 매겼고, 심지어 빌려주

큰별 칼럼

는 곡식에 모래를 섞어 무게를 늘리기도 했습니다.

　이런 상황에서 백성은 땅과 집을 잃고 떠돌이가 되거나, 생계를 잃어 도적이 되기도 했습니다. 조정은 암행어사를 파견하고 삼정이정청을 설치해 문제를 해결하려 했지만, 근본 원인인 세도 정치가 바뀌지 않았기 때문에 큰 효과를 거두지 못했습니다.

　다산 정약용은 이 시기를 "부와 권력이 불공평하게 나뉘어 망국의 조짐이 보이는 난세"라고 규정했습니다. 그는 성군들의 공통된 비결이 능력과 덕을 갖춘 인재를 공정하게 뽑고, 맡긴 일을 평가하며, 그 성과에 따라 대우하는 것이라고 강조했습니다.

또 「애절양」이라는 시를 통해 백성의 절망을 세상에 알렸습니다. 이 시에는 한 남자가 갓 태어난 아기에게까지 군포가 부과되는 어이없는 현실 앞에 자식을 낳은 자신을 원망하며 생식기를 끊어 버린 참혹한 사건이 담겨 있습니다. 이는 단순한 문학 작품이 아니라, 백성의 절망적이고 고통스러운 현실을 고발하는 외침이었습니다.

정약용의 지적처럼, 나라의 근본인 백성이 더는 희망을 갖지 못하고 공정과 정의가 사라진 사회는 결국 무너질 수밖에 없습니다. 19세기 조선은 바로 그 길을 걸으며 점점 병들어 갔던 것입니다.

큰별쌤 최태성의 한국사신문
조선 후기

제11호
평등사상, 백성의 마음을 사로잡다

◆ 천주교 ◆ 김정희, 〈세한도〉 ◆ 동학 ◆ 김정호, 『대동여지도』 ◆ 『정감록』

1. 천주교 확산, 평등사상을 내세우다
2. 청의 문인과 학자들, 앞다투어 〈세한도〉 칭송
3. 동학, 백성의 마음을 사로잡다
4. 〈큰별 인터뷰〉 『대동여지도』를 완성한 고산자 김정호를 만나다
5. 〈큰별 칼럼〉 조선 후기에 예언서가 유행한 까닭은?

제 11 호   조선 후기

천주교 확산
평등사상을 내세우다

천주교, 사회 약자층 중심으로 확산

최근 천주교가 빠르게 전파되면서 유교 중심의 조선 사회에 큰 충격을 주고 있다. **천주교는 서양의 새로운 문물과 과학 기술 등과 함께 '서학'이라 불리며 학문 형태로 처음 조선에 들어왔다.** 이익과 정약용 등 실학자를 중심으로 연구되던 천주교는 시간이 지나면서 일부 남인 학자들에 의해 점차 종교로 받아들여지게 되었다. 이후 조선의 하층민과 중인, 여성 등을 중심으로 조선 사회 깊숙이 스며들게 된 것이다.

이처럼 조선 사회에 천주교가 빠르게 확산하는 이유에 대해 한 천주교도는 "천주교의 평등사상이 신분 제도로 억눌려 살아온 하층민과 남성 위주 사회에서 차별 대우를 받아 온 여성에게 큰 호응을 얻고 있다."라고 분석했다. 또 그는 "사회가 극도로 혼란스러운 상황에서 고통받는 조선 백성에게 천주교의 평등사상이 위로와 희망이 되고 있다."라고 덧붙였다.

조선 정부 "천주교가 국가 기강 문란하게 만들어"

하지만 양반들 사이에서는 "천주교의 평등사상이 조선 사회의 질서를 무너뜨릴 수도 있다."라며 "천주교를 믿는 것을 당장 금지해야 한다."라는 목소리가 점점 커지고 있다.

이러한 상황에서 1791년, 전라도 진산에서 한 천주교 신자가 제사를 거부하고 천주교의 교리에 따라 어머니의 신주를 불태워 없애는 사건이 발생했다. 이에 조선 정부는 천주교를 '국가의 기강을 문란하게 만드는 나쁜 종교'로 규정하고 본격적으로 탄압에 나섰다.

하지만 조선 정부의 탄압에도 불구하고 천주교도는 날로 늘고 있는 상황이다. 오랫동안 천주교를 연구해 온 한 실학자는 "조선 사회는 이미 변화가 시작되었다. 유교적 질서가 흔들리는 지금, 천주교의 확신을 믹아 낼 수 있을지는 미지수"라고 전망했다.

사회적 불평등이 심화되는 상황에서 백성의 마음을 파고드는 천주교의 영향력은 앞으로 더욱 커질 가능성이 높다는 분석이 나오고 있다.

| 제 11 호 | 조선 후기 |

청의 문인과 학자들 앞다투어 <세한도> 칭송

그림 한 폭에 담긴 스승과 제자의 우정 이야기

　조선 최고의 서예가이자 학자로 손꼽히는 추사 김정희의 <세한도>가 중국 문인과 학자들에게 큰 찬사를 받은 사실이 알려지면서 화제가 되고 있다.

　이 그림은 김정희가 제주도에서 귀양살이를 하던 중, 제자 이상적이 청에서 귀한 책을 구해 전해 준 것에 대한 고마움을 담아 그에게 선물한 그림이다. **김정희는 『논어』의 '겨울이 되어야 소나무와 잣나무가 시들지 않는다는 사실을 알게 된다'는 구절을 떠**

올리며, 어려운 처지에서도 변함없이 자신을 지지한 제자의 의리를 소나무와 잣나무의 절개에 비유해 〈세한도〉라는 이름을 붙였다고 한다.

김정희 "이상적은 소나무와 잣나무 같은 사람"

이상적은 이후 동지사 일행으로 청에 갔을 때, 중국 문인과 학자가 모인 잔치에서 〈세한도〉를 꺼내 보여 주었다. 그림을 본 자리에서 13명이 감상평을 남겼고, 이후 이 그림을 접한 3명을 더해 총 16명이 글을 남겼다.

그들은 "거칠고 메마른 붓질 속에 작가의 고독한 처지가 절묘하게 표현되었다."라며 칭찬과 감탄을 아끼지 않았다고 한다. 이상적은 이 감상평을 닥종이에 정성스럽게 이어 붙인 뒤 조선에 돌아와 스승에게 전했다. 이를 본 김정희는 크게 기뻐했고, 자신의 작품이 국경을 넘어 평가받고 제자의 의리까지 빛났음을 감격스럽게 여겼다고 한다.

조선의 한 미술 평론가는 "〈세한도〉 속 허름한 초가집과 기울어진 소나무는 김정희 자신을, 싱싱한 소나무와 잣나무는 이상적을 상징한다."라며 "스승과 제자의 의리가 담겨 있는 작품이라 더욱 특별하게 느껴지는 것 같다."라고 전했다.

김정희, 〈세한도〉
(국립 중앙 박물관)

제 11 호 조선 후기

동학, 백성의 마음을 사로잡다

동학, 농민 사이에서 빠르게 확산

백성 사이에서 '동학'이라는 새로운 종교가 빠르게 확산하고 있다. 동학은 1860년, 경주 지역의 몰락한 양반 출신 최제우가 창시한 종교이다. 당시 백성 사이에 퍼지고 있던 서학(천주교)에 맞선다는 의미에서 '동학'이라는 이름을 붙인 것으로 알려졌다.

최제우는 기존의 전통적인 종교인 유교와 불교는 이미 민중의 고통을 해결할 힘을 잃었다고 보고 유교, 불교, 도교와 민간 신앙의 장점을 아우른 새로운 종교인 동학을 만든 것이다.

동학의 핵심 가르침은 '사람이 곧 하늘'이라는 뜻의 인내천 사상이다. 이는 모든 인간은 귀하고 평등하다는 의미를 담고 있어 지배층의 수탈에 고통받던 농민에게 큰 호응을 얻고 있다.

그러나 동학이 인내천 사상을 바탕으로 평등과 사회 개혁을 주장하자 정부는 동학을 금지하고, 세상을 어지럽혔다는 죄목으로 교주 최제우를 처형했다.

평등사상과 저항 의식 뿌리내려

최제우의 뒤를 이은 제2대 교주 최시형은 교리를 정리해『동경대전』을 펴내고, 백성이 쉽게 따라 부를 수 있도록『용담유사』를 간행하여 전국에 보급했다. 이를 통해 농민 사이에서 동학은 빠르게 확산되고 있다.

전라도 지역의 한 동학교도는 "동학에서는 양반과 상민을 차별하지 않고, 노비 제도를 부정하며, 여성과 어린이의 인격을 존중하는 사회를 추구하고 있다. 따라서 종교를 넘어선 사회 개혁 운동이라고 할 수 있다."라고 그 의미를 강조했다.

정부의 탄압에도 불구하고 동학은 농촌 사회를 중심으로 계속 퍼져 나가고 있다. 동학의 확산이 조선 사회에 어떤 변화를 가져올지 주목된다.

제 11 호 　 조선 후기

『대동여지도』를 완성한 고산자 김정호를 만나다

조선 후기 실학자들은 '우리 것'에 주목하기 시작했습니다. 우리 역사와 우리 문화에 관심이 높아지는 분위기 속에서 탄생한 것이 바로 『대동여지도』이지요. 오늘은 『대동여지도』를 만든 고산자 김정호 선생을 모시고 이야기를 나눠 보겠습니다.

『대동여지도』
(국립 중앙 박물관)

큰별

지금 조선에서는 『대동여지도』가 엄청난 화제가 되고 있는데요, 『대동여지도』는 어떤 지도인지 설명해 주시겠습니까?

김정호

『대동여지도』는 '우리나라 전체를 수레에 담듯이' 크고 상세하게 한 땀 한 땀 그려 넣은 지도이지요. 『대동여지도』를 한 장짜리 지도로 알고 있는 사람도 있는 것 같은데, 사실 22권짜리 지도책이라고 할 수 있습니다.

이 책을 모두 펼쳐서 연결하면 세로 6.7m, 가로 3.8m 초대형 지도가 됩니다. 저는 지도를 만들기 위해 30여 년 동안 수많은 지도와 지리지를 연구하고, 때로는 현장을 두 눈으로 확인하려고 직접 다녀오기도 했습니다.

『대동여지도』는 특히 상인에게 필수템으로 자리 잡았다고 합니다. 그 이유가 무엇인지요?

가지고 다니기 편한 데다가 그 어떤 지도보다 정확하기 때문 아닐까요? 보시다시피 『대동여지도』는 병풍처럼 차곡차곡 접을 수 있어서 필요한 부분만 골라서 가지고 다닐 수 있지요. 게다가 산줄기와 물줄기뿐만 아니라 교통로와 마을, 역참, 포구 등도 자세히 표시되어 있습니다. 또 10리마다 점을 찍어 거리를 쉽게 가늠할 수 있는 것도 큰 장점이지요. 상인들은 전국 팔도의 장시를 돌아다니는 사람들이니, 아마 제가 만든 지도가 꽤 마음에 들었을 겁니다.

당시 상인들에겐 이 지도가 내비게이션이나 마찬가지였겠군요! 아, 그리고 『대동여지도』는 목판으로 제작되었다고 들었는데요?

내비개이선? 그게 무슨 말이오? 흠흠, 아무튼. 사실 조선 초기에는 지도를 국가가 주도해 제작했습니다. 조선의 상세한 지형과 정보가 담긴 지도는 국가 기밀과도 같다고 여겼기 때문이지요. 그런데 최근 늘어 상업이 발달하고 물건을 팔기 위해 사람들이 자주 이동하면서 지도를 필요로 하는 이들이 크게 늘어났어요. 이에 따라 민간에서도 다양한 지도가 제작되기 시작했습니다. 저는 이러한 시대의 흐름에 맞추어 많은 사람이 활용할 수 있도록 『대동여지도』를 목판에 새겨 대량으로 찍어 낼 수 있게 했지요.

정교하게 만들어진 『대동여지도』는 지리 정보가 특정 계층을 넘어 사회 전반으로 확산할 수 있는 길을 열었습니다. 여기까지 큰별 기자였습니다.

제 11 호 　 조선 후기

조선 후기에 예언서가 유행한 까닭은?

백성에게 큰 인기를 끌었던 『정감록』

"새로운 세상이 열리기를 기대하다"

흔히 정조를 '조선의 전성기'를 이끈 개혁 군주라고 부릅니다. 실제로 정조가 통치하던 시기에는 학문과 문화, 예술 등 여러 분야에서 눈부시게 발전했습니다. 정조의 업적은 여기에 그치지 않았습니다. 그는 정치, 경제, 군사 전반에 걸쳐 다양한 개혁을 추진하며 조선을 한층 더 발전시켰죠. 뛰어난 능력으로 국정을 주도하면서 나라를 안정적으로 다스렸던 것이지요.

하지만 1800년, 정조가 갑작스럽게 세상을 떠나자 상황은 급격히 달라졌습니다. 어린 나이에 왕위에 오른 순조는 국정을 직접 이끌 힘이 없었고, 이 틈을 타 안동 김씨 가문이 권력을 장악했습니다. 이때부터 조선은 '세도 정치'라는 깊은 늪에 빠지게 됩니다.

강력한 지도자가 사라지자 나라 전체가 크게 흔들린 것이지요. 결국 국가 운영을 뒷받침할 튼튼한 제도가 마련되지 못한 데에서 비롯된 결과라고 할 수 있습니다.

세도 정치가 시작된 이후 조선은 크게 달라졌습니다. **정치는 갈수록 혼란스러워졌고, 관리들은 백성을 돌보는 일은 뒷전이고 자신의 이익만 챙겼습니다.** 백성의 삶은 점점 더 힘들어졌고, 결국 곳곳에서 농민 봉기가

터져 나오게 됩니다.

  사람들은 삶이 고달프고 미래가 보이지 않을 때 종교나 신비로운 것에 기대곤 합니다. 조선 후기의 백성 역시 현실의 고통을 이겨 내고자 예언서에 의지했습니다. 그 대표적인 것이 바로『정감록』입니다. 은밀히 전해지던 이 책에는 '이씨 왕조가 무너지고 새로운 세상이 열린다'는 내용이 담겨 있었는데, 이는 백성에게 희망이자 위로가 되었습니다. 실제로 홍경래가 봉기를 준비할 당시에『정감록』을 내세워 민심을 모았던 것도 이런 이유였을 겁니다.

  정치는 무너지고 백성의 삶은 피폐해졌지만, 현실을 스스로 바꿀 방법이 없었던 당시 사람들은『정감록』을 읽으며 새로운 세상이 오기를 바란 것이지요.

| 제 11 호 | 조선 후기 |

하지만 오늘날은 다릅니다. 더는 예언서에 기대어 희망을 찾을 필요가 없습니다. 지도자가 마음에 들지 않거나 정부 정책이 잘못되었다고 생각된다면, 우리는 선거를 해서 바꿀 수 있습니다. 어찌 보면 오늘날의 투표용지가 과거의 『정감록』 같은 역할을 하는 셈이지요.

앞서 본 것처럼, 정조라는 강력한 리더십을 가진 지도자가 세상을 떠난 뒤 조선은 크게 흔들렸습니다. **그러나 나라의 제도가 체계적으로 갖추어져 있다면 지도자가 바뀐다고 해서 국가가 쉽게 무너지지 않습니다. 오늘날의 선거 제도는 바로 그런 장치 가운데 하나입니다.**

정치가 불안하고 나라가 혼란스러울 때, 우리는 투표를 해서 다시 나라를 바로 세울 수 있습니다. 투표는 우리가 더 나은 세상을 만들 수 있는 소중한 권리이자 책임이라는 사실, 꼭 기억해 주시길 바랍니다.

큰별쌤 최태성의 한국사신문　　　　　　　　　　　　　　　　　　　조선 후기

제12호 | 흥선 대원군, 개혁 정책을 펼치다

◆ 호포제　◆ 사창제　◆ 경복궁 중건

1. 흥선 대원군 집권, 개혁의 칼 빼들다
2. 〈큰별 인터뷰〉 조선의 마지막 개혁가, 흥선 대원군을 만나다
3. 경복궁 중건으로 왕실 권위 회복 시도
4. 호포제 전격 실시, 양반 특권 무너뜨리나
5. 〈큰별 칼럼〉 흥선 대원군의 개혁 방향은 옳았을까?

제 12 호   조선 후기

흥선 대원군 집권
개혁의 칼 빼들다

고종 즉위, 그의 아버지 흥선 대원군이 실권 장악

흥선 대원군의 집권으로 조선이 새로운 변화를 맞고 있다. 1863년 철종이 후계자 없이 세상을 떠나자, 왕실의 최고 어른인 신정왕후 조씨의 결정으로 고종이 왕위에 올랐다.

익명을 요구한 한 왕실 관계자는 "신정왕후 조씨가 안동 김씨 세력의 횡포를 더는 두고 볼 수 없다고 판단하던 차에, 세도 가문의 견제를 피하며 기회를 엿보던 흥선 대원군이 빠르게 대비에게 손을 내민 것으로 보인다."라며 "안동 김씨의 세도 정치를 뿌리 뽑겠다는 두 사람의 목표가 맞아떨어지면서 고종이 왕위에 오를 수 있었다."라고 전했다.

그러나 즉위 당시 고종은 열두 살에 불과했다. 이 때문에 사실상 국정은 아버지인 흥선 대원군이 맡아 운영하며 권력을 장악했다.

개혁 정치로 민심 잡다

집권 이후 흥선 대원군은 세도 정치와 삼정의 문란으로 무너진 나라를 바로잡기 위한 개혁을 시작했다. 안동 김씨를 비롯한 세도 가문을 몰아내고, 당파에 치우치지 않고 인재를 고르게 등용하며 왕권 강화를 꾀했다. 또 세도 정치의 상징이던 비변사를 없애고, 의정부와 삼군부의 기능을 되살려 국가 기구를 정비했다.

이어 법전을 새로 정리해 『대전회통』을 편찬하고, 행정 법규를 체계화했다. 전국 곳곳에 마구 세워져 백성을 괴롭히던 서원은 대폭 정리되어 47개만 남게 되었다.

최근 흥선 대원군은 오랫동안 잘못 운영되어 온 조세 제도를 고쳐 백성의 부담을 줄이겠다고 밝혔다. 나라의 질서를 바로잡는 데 이어 백성의 편안한 삶까지 약속하자, 백성 사이에서는 "이제 나라가 새로워질 것"이라는 기대가 커지고 있다.

| 제 12 호 | 조선 후기 |

조선의 마지막 개혁가 흥선 대원군을 만나다

흥선 대원군은 세도 정치가 심각해지는 상황에서 자신의 아들 고종을 왕위에 올리고 권력을 차지했습니다. 이후 그는 다양한 개혁 정책을 펼쳤지요. 오늘은 '조선의 마지막 개혁가'라고도 불리는 흥선 대원군을 모시고 이야기를 나눠 보겠습니다.

큰별: 긴장도 풀 겸 이 질문부터 해 보겠습니다. 대원군께서는 예전에 파락호 행세를 하고 다녔다는데, 사실입니까?

흥선 대원군: 허허, 그렇습니다. 안동 김씨들이 허수아비 왕을 앞에 세우고 계속해서 권력을 휘두르고 있을 때였지요. 저는 잘못하다간 죽을 수도 있겠다고 생각해 일부러 파락호, 그러니까 난봉꾼이나 건달 행세를 하며 돌아다녔어요.

그렇게 몇 년을 돌아다녔더니 안동 김씨 가문은 저를 거들떠보지도 않더군요. 저는 훗날을 위해 발톱을 숨기고 버텼던 겁니다.

그렇게 기다린 끝에 대원군께서는 조선의 실권을 장악해 거침없이 개혁을 추진했는데요, 대원군께서 생각하시는 개혁의 최종 목표는 무엇이었습니까?

잘 아시다시피 당시 조선의 꼴은 말이 아니었습니다. 세도 정치로 소수의 가문이 나라를 마음대로 주무르고 있었고, 백성은 고통받고 있었지요. 저는 조선을 다시 강력한 왕권이 있는 나라로 되돌리고자 노력했습니다. 강력한 왕권이 뒷받침되어야만 백성을 위한 개혁도 시작할 수 있는 것 아니겠어요?

하지만 왕권 강화를 위한 정책 위주로 개혁을 추진하는 모습이 지나치게 시대착오적이라는 비판도 있습니다. 이에 대해 어떻게 생각하십니까?

흠, 그런 비판이야 누구나 할 수 있지만 동의하긴 힘들군요. 그 시기에 가장 중요한 건 누가 뭐라고 해도 나라의 기강을 바로잡는 일이었습니다. 저는 부패한 벼슬아치를 쫓아내고, 백성을 괴롭히던 세금 제도도 뜯어고쳤습니다. 이게 다 백성을 위한 일이었다는 사실은 꼭 기억해 주셨으면 좋겠습니다.

개혁의 방향에 대해서는 아쉬운 점이 있지만 그가 세도 정치를 끝내고 백성의 삶을 안정시키기 위해 노력했다는 사실은 분명한 것 같습니다. 지금까지 큰별 기자였습니다.

| 제 12 호 | 조선 후기 |

경복궁 중건으로 왕실 권위 회복 시도

경복궁 중건, 어려움에 부딪히다

1866년부터 시작된 경복궁 중건 사업이 어려움을 겪고 있다. **흥선 대원군은 "경복궁은 왕실의 상징이자 조선의 권위를 드러내는 궁궐"**이라고 말하며 경복궁 중건을 추진했다.

경복궁은 조선 건국 당시 법궁으로 세워졌으나 임진왜란 때에 불 탄 뒤 200년 가까이 방치되어 왔다. 흥선 대원군은 이 궁궐을 다시 세우기 위해 대대적인 공사에 착수

했던 것이다.

경복궁 재건 비용, 백성의 삶을 흔들다

문제는 경복궁을 다시 세우는 데 드는 막대한 비용이었다. 흥선 대원군은 우선 '원납전'이라는 이름으로 기부금을 거두었는데, 이는 본래 '스스로 원해서 바치는 돈'이라는 의미이지만 지역별로 할당량을 내리는 등 반강제적으로 걷다 보니 백성의 원망이 커져 갔다. 원납전만으로는 공사 비용을 감당할 수 없자, 정부는 결국 당백전을 발행하기에 이르렀다.

당백전의 법정 가치는 상평통보의 100배였으나, 실제 가치는 그 5~6분의 1에 불과했다. 조선 정부가 단기간에 대량의 당백전을 풀자 화폐 가치가 급격히 떨어졌고, 그 결과 7~8냥 하던 쌀 한 섬 값이 40냥 넘게 치솟는 등 물가가 폭등한 것이다.

백성과 양반 모두의 원망을 사다

이뿐 아니라 경복궁 중건에 수많은 백성이 강제로 동원되어 고된 노동에 시달려야 했다. 또 공사에 필요한 목재를 확보하느라 양반들의 묘지림까지 베어 내면서 양반들의 불만도 커졌다. **결국 경복궁 중건은 백성과 양반 모두에게 원망을 사는 사업이 되어 버린 것이다.**

한 관리는 "경복궁이 지니는 상징적 의미는 크지만, 지금처럼 백성의 생활이 어려운 시기에 무리하게 대규모 사업을 추진하는 것은 백성을 더 힘들게 만들 뿐"이라고 지적했다. 실제로 백성 사이에서는 "왕실 권위보다 백성의 삶이 먼저 아니냐."라는 불만이 터져 나오고 있다.

제 12 호 　조선 후기

호포제 전격 실시
양반 특권 무너뜨리나

흥선 대원군, 삼정의 문란 바로잡기 본격화

　흥선 대원군이 오랫동안 백성을 괴롭혀 온 삼정의 문란을 해결하고자 다양한 개혁 정책을 펼쳐 나가고 있다.

　먼저 전국적으로 토지를 재조사하는 양전 사업을 실시하여 오래된 장부에만 의존해 토지세를 거두던 방식을 개혁하려는 의지를 밝혔다. 실제 농사짓는 토지를 다시 측량하여 세금을 부과함으로써 불공정한 세금 제도를 바로잡으려 한 것이다.

사창제와 호포제 시행, 백성의 부담 줄이다

다음으로 흥선 대원군은 오랫동안 백성을 괴롭혀 온 환곡의 폐단을 바로잡기 위해 사창제를 도입했다. 원래 환곡은 굶주린 백성에게 곡식을 빌려주는 제도였지만, 실제로는 관리들이 이익을 취하는 수단으로 변해 백성에게 큰 고통을 안겨 주었다. 이를 개혁하는 방안으로 1866년부터 사창제 시행을 논의했고, 1867년에는 전국적으로 확대 시행했다. 각 마을 단위에 사창을 설치해 자율적으로 운영하도록 함으로써 관리들이 끼어드는 일을 차단한 것이다.

이어 1871년에는 호포제를 실시해 양반과 평민을 가리지 않고 모든 가구가 동일하게 군포를 부담하도록 개혁했다. 이는 이미 실학자들이 오래전부터 주장해 온 제도였으나, 양반들의 반발로 시행하지 못하던 것을 마침내 실행한 것이다.

흥선 대원군 개혁에 민심 호응

백성은 이러한 정책을 크게 환영하며 "세금은 공평하게 내는 것이 옳다."라는 반응을 보이고 있다. 그러나 그동안 군역을 면제받아 온 양반들은 "이는 신분 질서를 무너뜨리는 일"이라며 거세게 반대하고 있다.

흥선 대원군이 펼치는 일련의 개혁은 국가 재정을 늘리고 사회적 불평등을 해소하는 데 기여하면서 백성의 호응을 얻고 있다. 그러나 기득권 세력인 양반의 강력한 반발을 사고 있어 적지 않은 파장이 예상된다.

흥선 대원군의 개혁 방향은 옳았을까?

과거를 바라본 흥선 대원군의 개혁

"흥선 대원군은 미래로 나아가지 못했다"

19세기 조선은 그야말로 암흑기였습니다. 부패한 관리들은 백성을 돌보기보다 자신의 이익을 챙기기에 급급했고, 억눌린 백성은 곳곳에서 봉기를 일으켰습니다. 이런 혼란 속에서 무너져 가는 나라를 다시 세우려 한 인물이 있었으니, 바로 흥선 대원군입니다. 그는 중종 때 위훈 삭제를 주장한 조광조, 효종 때 대동법 확대를 이끈 김육과 함께 흔히 조선의 3대 개혁가로 불리기도 합니다.

흥선 대원군의 대표적 개혁은 '호포제'였습니다. 그동안 군역과 군포 부담에서 벗어나 있던 양반에게도 세금을 내도록 한 제도입니다. 이는 500년간 이어져 온 양반의 특권을 무너뜨린 획기적인 조치였습니다. 당연히 양반들의 거센 반발이 뒤따랐지만, 그는 굴하지 않고 제도를 밀어붙였습니다.

또 임진왜란 때 불타 폐허가 된 경복궁을 다시 지어 왕조의 권위를 세우려 했고, 안동 김씨를 비롯한 세도 가문의 중심 인물들을 몰아내고 비변사를 혁파하여 왕권을 강화했습니다. 이러한 정책은 당시 무너진 국가 기강을 세우는 데 효과가 있었고, 백성의 신뢰를 되찾는 계기가 되었지요.

큰별 칼럼

　그러나 그의 개혁은 시대의 요구와는 어긋난 면이 많았습니다. 당시 조선 사회에는 이미 천주교와 동학을 통해 평등사상이 확산되고 있었고, 백성의 의식도 점차 성장하며 근대 사회로 나아갈 준비를 하고 있었습니다. 하지만 흥선 대원군은 이러한 변화를 외면한 채 왕권 강화에 힘을 쏟았습니다.

　또 그는 세계가 나라의 문을 열고, 서로 교류하는 상황에서 국제 정세를 읽지 못한 채 통상 수교 거부 정책을 주장했습니다. 외세의 침략을 막으려는 의도는 분명했으나, 결과적으로 국제 사회의 흐름을 거부한 탓에 조선의 근대화는 크게 늦어지고 말았습니다.

제 12 호　조선 후기

　무엇이든 열심히 하는 것도 중요하지만, 올바른 방향을 정하는 것은 그보다 더 중요합니다. **흥선 대원군은 나라를 위해 많은 노력을 기울였지만, 잘못된 방향을 택한 탓에 결국 역사의 흐름을 거스르는 결과를 낳고 말았습니다.**

　여기에서 우리가 얻을 수 있는 교훈은 분명합니다. 빠르게 나아가는 것보다 더 중요한 것은 올바른 방향을 선택하는 것이며, 시대의 흐름을 정확히 읽고 미래를 내다보는 통찰력이야말로 지도자가 반드시 갖추어야 할 가장 큰 덕목이라는 사실입니다.

사진 출처

국가유산청
76쪽 규장각, 87쪽 수원 화성

국립중앙박물관
68~69쪽 〈인왕제색도〉, 69쪽 〈금강전도〉, 83쪽 『화성원행의궤도』, 88쪽 『화성성역의궤』, 124쪽 〈책가도〉, 124~125쪽 〈호랑이와 까치〉, 125쪽 〈책거리〉, 125쪽 〈화조화〉, 130쪽 〈춤추는 아이〉, 151쪽 〈세한도〉, 154쪽 『대동여지도』

위키피디아
106쪽 곤여 만국 전도 복원본

한국학중앙연구원
65쪽 탕평비

* 이 책에 수록된 사진은 박물관과 저작권자의 허가를 받아 사용했습니다.
* 이 책에 수록된 사진 중 출처가 불명확하여 허가를 받지 못한 일부 사진에 대해서는 저작권자가 확인되는 대로 게재 허락을 받고 사용료를 지불하겠습니다.

큰별쌤 최태성의 한국사신문

④ 조선 후기

1판 1쇄 인쇄 2025년 10월 14일 **1판 1쇄 발행** 2025년 10월 20일

기획·글 최태성 **글** 김우람 **그림** 송진욱
연구 및 검수 별별한국사연구소(곽승연, 이상선, 김혜진, 권혜성)

펴낸이 박기석 **홈런운영본부장** 함근영 **콘텐츠기획실장** 조미현
출판팀장 오성임 **편집** 하명희 **마케팅** 김민지, 김참별
책임편집 성주은 **디자인** 도토리
펴낸곳 아이스크림북스 **출판등록** 2013년 8월 26일 제2013-000241호
사용연령 8세 이상 **제조연월** 2025년 10월 **제조국** 대한민국

주소 (06771) 서울시 서초구 매헌로 16 하이브랜드빌딩 18층
전화 02-3440-4604
이메일 books@i-screamedu.co.kr
인스타그램 @iscreambooks

ⓒ 최태성, 김우람, 송진욱, 2025

※아이스크림북스는 ㈜아이스크림에듀의 출판 브랜드입니다.
※이 책을 무단 복사·복제·전재하면 저작권법에 저촉됩니다.
※잘못 만들어진 책은 구입하신 곳에서 교환해 드립니다.

ISBN 979-11-6108-774-0(74910)

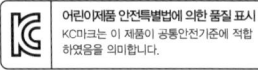